아름다운 시대
라 벨르 에뽀끄

내용의 이해를 돕는 사건 및 인물 연대표를 밥북 블로그에서 확인할 수 있습니다.
https://blog.naver.com/bobbook1/221827486809

만화로 떠나는 벨에포크 시대 세계 근대사 여행

아름다운 시대
라 벨르 에뽀끄

la Belle Epoque

글·그림 신일용

머리말

이 책을 쓰는 (그리는) 동안 많이 받은 질문 중 하나가 이런 거다.

"왜 이 시대에 대해서 쓰는 거지?"

하고 많은 주제가 있는데 왜 역사에 관한 책을 쓰는가, 역사에도 수많은 시대가 있는데 왜 유독 19세기 말에서 20세기 초의 이야기를 다루는가, 이런 의문이겠다.

저명한 역사 다큐멘터리 작가 바바라 터크먼 여사의 말을 인용하여 대답을 대신하겠다. 그녀는 이렇게 말했다.

"자신이 사랑에 빠지지 않은 주제, 스스로 흥미를 느끼지 못하는 주제로 어떻게 다른 사람들의 흥미를 끌겠다는 거죠?"

오래전부터 이 시대는 나의 흥미를 끌었다. '라 벨르 에뽀끄(la Belle Epoque)'라고 불리는 대로 아름답기만 해서가 아니다. 사실 이 시대가 아름다웠던 사람들은 제국 열강의 한 줌도 안 되는 부자와 귀족뿐이었다. 그들에게 식민지배를 당해야 했던 우리 조상들에게는 더 이상 끔찍할 수가 없는 그런 시대였다.

이 시대가 흥미로운 진정한 이유는 그 역동성 때문이다. 근대의 노스탤지어와 현대를 맞는 희망이 뒤섞여 있던 시간, 기득권 계급과 그에 저항하는 새로운 계급이 혼재하던 공간은 무수한 인간 드라마들을 만들어냈다. 이 시대의 이야깃거리는 무궁무진하다. 오히려 아쉬움을 누르고 이야기를 추려내어 이 시대를 총체적으로 이해할 수 있는 사건들만 남기는 작업이 훨씬 힘들었다.

세계사를 다루다 보니 인명이나 지명을 어떻게 표기할 것인가 하는 고민이 따랐다. 애초에 정한 원칙은 현지에서 발음하는 대로 따른다는 것이었는데 결국은 많은 부분을 타협하지 않을 수 없었다. 너무 많은 고유명사가 이미 영미어식 발음으로 잘 알려져서 원어 발음만을 따르기가 만만치 않았다. 당초의 원칙만을 고집했다가는 이 책이 너무 불친절해질지도 모른다는 걱정 때문이었다. 우리 방식으로 이미 익숙해져 버린 이름들도 있다. 예를 들어 우리에게 서태후로 널리 알려진 자희 황태후는 외국에선 자희의 중국어 발음인 쓰시로 부르는 게 보편적이다. 하지만 익숙한 서태후란 이름을 그냥 쓰기로 했다. 또 외국어를 표기하는 중에 프랑스어 철자의 악쌍이나 독일어 철자의 우믈라우트는 전부 생략했다. 프랑스와 독일어판 알파벳 폰트를 찾아서 쓸 수도 있었으나 무시하기로 했다. 그다지 중요하지 않다고 생각한 면도 있지만 고백하건대 타고난 게으름 탓이기도 하다.

대부분의 콘텐츠가 오래된 독서의 결과물들이 뒤섞여 있는 것이라서 굳이 어느 책에서 인용했는지 정리하기 어렵다. 하지만 적어도 아래 몇 권의 책들은 여기에 소개해야 할 것 같다.

— The Guns of August/Babara W. Thuchman/Random House
— The Proud Tower/Babara W. Tuchman/Random House

- In Montmartre/Sue Roe/Penguin Books
- Dawn of the Belle Epoque/Mary McAuliffe/Rowan & Littlefield Publishing, inc.
- Bismarck/Alan Palmer/Endeavour Press Ltd
- The Russo-Japanese War/Sydney Tyler/Madison & Adams Press
- The Russian Revolution/Rupert Colley/William Collins

이에 더하여 위키피디아는 정말로 유용했다. 이 다중지성의 사이트가 없었다면 헷갈리는 팩트를 체크하는 일이 훨씬 더 지루하고 험난한 작업이 되었을 것이다. 이 책의 본문 가운데 삽입된 그림들은 흑백의 아주 작은 사이즈로 처리되어 있다. 스토리의 흐름을 도와주는 역할은 간신히 하고 있지만 그 그림들의 본 모습을 감상하기에는 턱도 없다. 가급적, 아니 반드시, 도록이나 인터넷에서 찾아서 충분한 사이즈의 컬러판으로 감상하면서 읽어주시면 좋겠다.

어느 시대의 역사를 들여다보던 오늘 우리의 상황이 절로 연상되는 일이 적지 않다. 이 '아름다운 시대'의 이야기는 더욱 그러하다. 불과 100~150년 전의 이야기이기도 하지만 인간의 탐욕, 증오, 두려움, 거짓말하는 버릇, 이런 것들이 변하지 않는 인간의 나약한 본성이기에 그런 것 같다. 그 와중에 명예를 지키고 정의를 실현하려 한 사람들도 있었다. 이 역시 오늘 우리가 실낱같은 희망이나마 지니고 살아가는 이유와 다르지 않다.

   사설은 이쯤에서 접고 지금부터 산책하는 기분으로 세계근대사의 현장으로 여행을 떠나보자. 여행 배낭 안에 챙겨야 할 준비물은 지적 호기심 하나면 족하지 않을까 싶다.

2019년 11월   신일용

2권

Chapter 7_ 그 시대의 아방가르드
Chapter 8_ 그 시대의 쎌럽
Chapter 9_ 부수는 자들
Chapter 10_ 나는 고발한다
Chapter 11_ 여름의 마지막 장미

3권

Chapter 12_ 1900 무렵 올림픽
Chapter 13_ 언덕 위의 구름
Chapter 14_ 아듀, 몽마르트르
Chapter 15_ 그해 8월
Chapter 16_ 마지막 짜르

Contents

머리말 / 4

인트로 / 10

Chapter 1_ 나폴레옹 조카 나폴레옹 / 35

Chapter 2_ 거친 사나이 / 75

Chapter 3_ 비스마르크의 덫 / 105

Chapter 4_ 끔찍한 한 해 / 139

Chapter 5_ 빠리, 새로 짓다 / 183

Chapter 6_ 사쿠라 피다 / 235

Sous le pont Mirabeau coule la Seine
Et nos amours

미라보 다리 아래 세느강이 흐르고
우리의 사랑도 흐른다.

이렇게 시작하는 프랑스의 시가 있다.

대중가요의 가사만큼이나 어려울 것 하나 없는 시다.

Faut-il qu'il m'en souvienne
La joie venait toujours apres la peine ?

기쁨은 언제나 고통 뒤에 온다는 것을
기억해야 하는 것일까.

하지만 우리 모두의 가슴을 저리게 한다.

Vienne la nuit sonne l'heure
Les jours s'en vont je demeure

밤이여 오라 종을 쳐서 시간을 알려라
세월은 가고 나는 남는다.

우리 모두의 영원한 주제인 흘러간 세월과 그와 함께 가버린 사랑에 대하여 노래하고 있기 때문이다.

L'amours s'en va comme cette eau courante
L'amours s'en va
Comme la vie est lente
Et comme l'esperance est violente

사랑은 흐르는 강처럼 가버린다.
사랑은 인생이 느린 것처럼
희망이 격렬한 것처럼 가버린다.

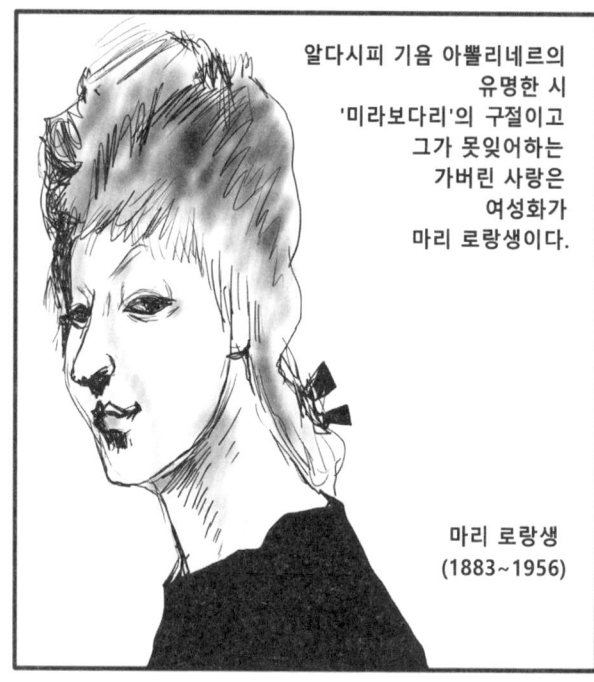 

시 미라보다리가 발표된 해는 1912년이다.

1912년, 이때 아뽈리네르는 시인의 예지로 가버린 사랑의 저 너머에서 한 시대가 저물어가는 저녁노을을 보았을지도 모른다.

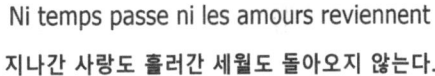

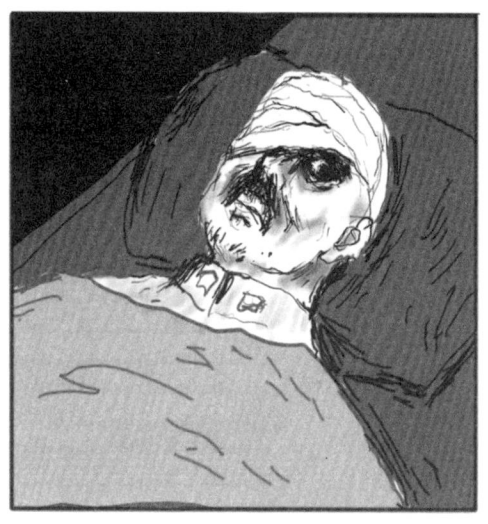

실제로 2년 후 전 유럽은
1차 세계대전의 파멸에 빠져들었고
아뽈리네르는 머리에 파편이 박혀서
전쟁터에서 돌아왔다.

그리고 상처의 후유증을 극복하지 못하고
2년 후 그 당시 유럽에 창궐했던
스페인 독감으로 세상을 떠났다.

그의 나이 38세였다.

전쟁이 끝나고 세월이 흐른 후에
사람들은 아뽈리네르가 그리워했던
그 시절을 돌아보며
이렇게 부르게 되었다.

직역하자면 '아름다운 시대',
세월이 흐른 후에 지나간 시절을 되돌아보며
붙인 이름이니 아름답던 시절이라고 해야할까?

19세기 말에서 20세기 초에
걸쳐있는 시기,

콕 집어 말하면 프랑스와 프러시아의 전쟁이 끝난 1871년부터 세계 제1차대전이 발발한 1914년 사이의 약 40여년에 걸친 기간이다.

1871

이 시기에 적어도 유럽 본토에서만은 전쟁이 없었다. 유럽의 제국들이 바깥에 나가서 벌인 침략전쟁은 있었어도.

1914

유럽대륙은 이 40여년 동안 불안한 힘의 균형을 이루며 평화를 유지했고 2차산업혁명의 풍요를 마음껏 누렸다.

역사적으로 대단히 예외적인 시기였지.

최고급 모직양복에 실크햇을 쓴 신사들이 코르셋으로 허리를 졸라매고 화려한 꽃장식 모자로 멋을 낸 귀부인들과

마차를, 또는 새로운 발명품인 자동차를 타고

역시 새로운 발명품인 수많은 전구로 장식한 샹들리에 아래에서 끊임없이 왈츠를 추었다.

정말

아름다운

시대였다...

하지만 이 시대가 아름다웠던 이들은
유럽에 살던 사람들이었다.
그 가운데서도 15퍼센트나 되었으려나?

귀족과 부르조아들.

타임머신을 타고 그 시절로 잠깐 돌아가서
이 시대를 라 벨르 에쁘끄라고 부를 수 없었던,
아름답게만 추억할 수 없었던 사람들을 만나보자.

한 소년이 있었다.

이 소년의 어깨에는
병들어 일을 못하는 아버지와
교육받지 못한 어머니
그리고 어린 동생들을
먹여살려야 하는 책임이
지워져 있었다.

어느 비 오는 날
한 시간을 걸어서 출근을 했는데,

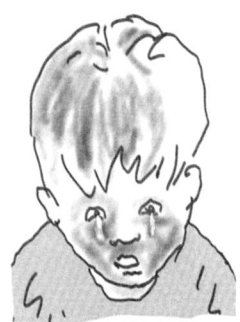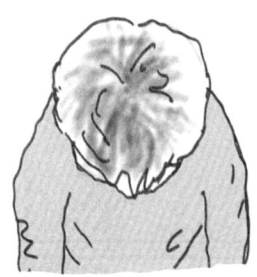

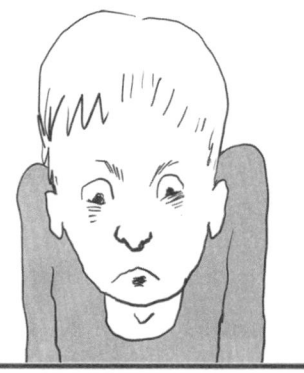

오랜 세월이 지나 소년은 영국에서 노동자 출신으로는 최초로 국회의원이 되었다.

영국 노동당의 선구자로 불리는 케이르 하디가 바로 그이다.

제임스 케이르 하디
(1856~1915)

귀족 출신들로 가득 찬 영국 의회에서 작업모자나 깃이 헤어진 셔츠를 입고 나타나는 등 드레스 코드를 무시하는 걸로 유명했고 가난한 노동자의 권리와 여성 참정권과 식민지 인도의 자치권을 주장했다.

이 시대를 라 벨르 에뽀끄라고 부르는 것에 대해서 어떻게 생각하시는지?

이랬을 것이다.

아름다운 시대라구?? 당신 눈에는 저 착취당하는 노동자들이 보이지 않는거요?

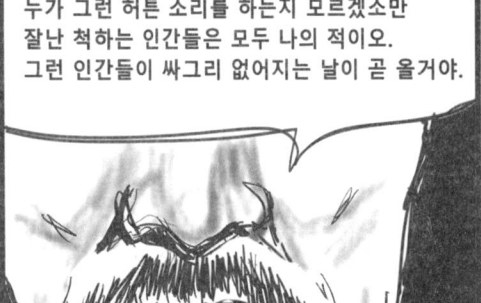

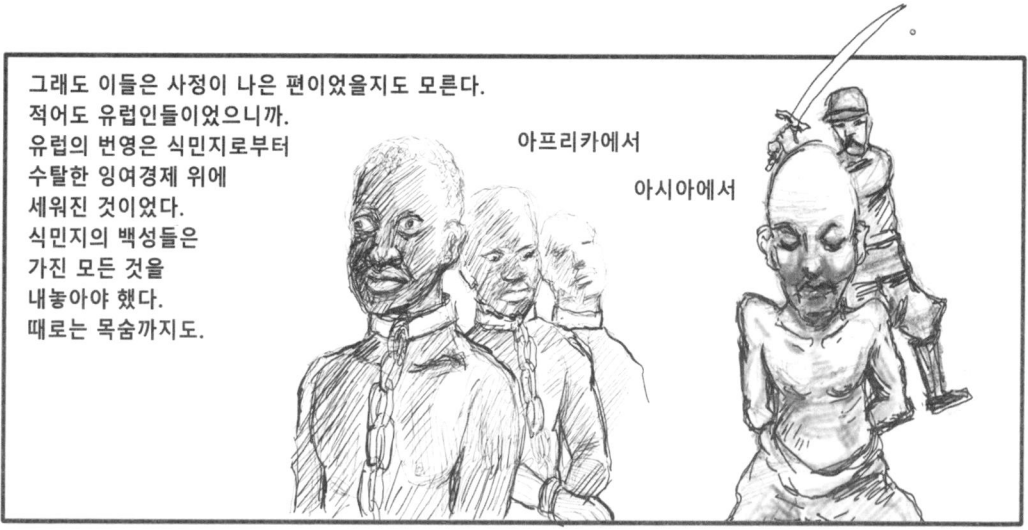

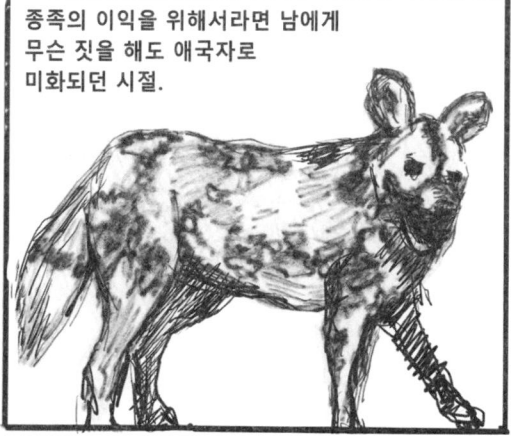

늦게 배운 도둑질이 더 무섭다고 신흥제국 일본은 무능한 정권이 이어진 이웃 나라의 껍데기를 벗겼다. 한 나라의 왕후가 자신의 거처에서 일본이 보낸 정치 깡패들에게 치욕스러운 죽음을 당하기도 했지.

라 벨르 에뽀끄, 이 시대도 이름처럼 그렇게 아름답기만 한 시대는 아니었나보다.

하지만,
그럼에도 불구하고,
벨르 에뽀끄는 놀라운 시대였다.

오늘날 우리는 4차 산업혁명의
시대에 살고있다고 한다.
정보통신과 인공지능의 시대.

미래학 강연 같은 곳에 가보면
이런 소리를 흔히 듣게 된다.

최근 10년 동안의 변화가 과거 100년 동안 일어난 변화보다 큽니다. 우리는 인류가 일찍이 경험해보지 못한 변화와 혁신의 시대에 살고 있는거죠.

과연

그럴까?

인류는 벨르 에뽀끄의 시대에 이르러서야 전기의 힘으로 밤을 밝힐 수 있었고,

멀고 먼 나라의 궁궐에서도
밤을 낮처럼 밝히고 바람이 불어도
꺼지지 않는 도깨비 불의 시범을
보였더랬지.

알렉산더 그래험 벨이라는
스코틀랜드계 미국인이
수 킬로 떨어져 있는 사람과
직접 말하고 듣는 놀라운 시범을
보인 것도 이 시대의 일이다.

한번 생각해보자.
벨르 에쁘끄 시대의 근대인들이 처음으로
전등의 눈부신 빛을 보았던 경험이,
처음으로 전화기를 들고 보이지 않는 사람과
이야기할 때 느꼈던 놀라움이
오늘날 스마트폰으로 처음 채팅을 할 때의
신기함이나 인간의 바둑이 인공지능에게
패했을 때 받은 충격보다 덜 했을까?

I don't think so.

하지만 이 시대 최고의 이노베이션은 진정한 철기시대의 도래에 있다.
우리가 철기시대라고 부르는 근대 이전의 수천년 동안 철로 만든 것은 간단한 주방도구, 농기구, 칼, 갑옷 정도였다. 주로 사용한 재료는 나무였으므로 목기시대라고 부르는 편이 정확할지도 모른다. 벨르 에뽀끄의 시대에 이르러 베씨머라는 사람이 철을 값싸게 대량생산하는 방법을 개발해냈는데 이 발명은 인간이 일찍이 생각지 못한 것들을 이루어 내었다.

이 조형물은 온갖 반대를 무릅쓰고
빠리 한 복판에 쇳덩어리로만 지어졌다는 점에서
이 시대가 철의 시대였음을 웅변해주고 있다.
또한 세계산업박람회의 정문 역할을 함으로써
이 시대의 자본주의를 상징하기도 한다.
이래저래 벨르에뽀끄의 대표적인 상징물이 되었다.

라 벨르 에뽀끄, 이때의 사람들은 어느 시대보다도 변화를 적극적으로 수용했고 그 변화가 가져올 미래에 대하여 오늘날의 우리들보다 훨씬 더 낙관적이었다.

그러니 이 시대야말로 변화의 시대라 할 수 있겠지.

좋은 쪽으로든,

나쁜 쪽으로든.
(1912년 타이타닉호)

정치권력에도 세계사적 변화의 소용돌이가 몰아쳤다.

이 시대를 거치면서 러시아에서 절대군주체제가 무너지고

마르크스의 이론을 내세운 공산주의 정권이 탄생했고

1917년
레닌

중국에서도 왕조가 무너지고

공화정이 탄생하였다.

1912년
쑨원

아름다운 시대를 이야기하면서 예술의 이야기가 빠질 수야 없겠지.

고전주의, 낭만주의 거장들의 시대는 지나갔고

애잔한 선율로 뭇여성의 가슴을 녹이던 프레데릭 쇼팽과 피아노 위에 놓고간 장갑을 서로 차지하려고 육탄전을 벌이는 귀부인들을 몰고 다니던 프란츠 리스트의 아이돌 시대도 지나갔지만

벨르 에뽀끄 시대는 황홀할 정도로 다양한 음악의 세계를 한꺼번에 펼쳐놓았다.

브람스 · 바그너 · 차이코프스키 · 생상 · 베르디

드뷔시 · 스트라빈스키 · 라흐마니노프 · 그리그 · 엘가

이 시대만 해도 청중들은 인기 작곡가의 신곡 연주를 설레는 마음으로 기다렸다.
요즈음에 인기 가수들의 신곡 앨범이나 공연을 기다리듯이 말이다.
그러나 벨르에뽀끄 시대 이후로 대중들을 사로잡는 작곡가와 연주곡은 점차 사라졌고
오늘날에도 활발하게 연주되고 있는 소위 클래식 음악은 대략 이 시대까지이다.

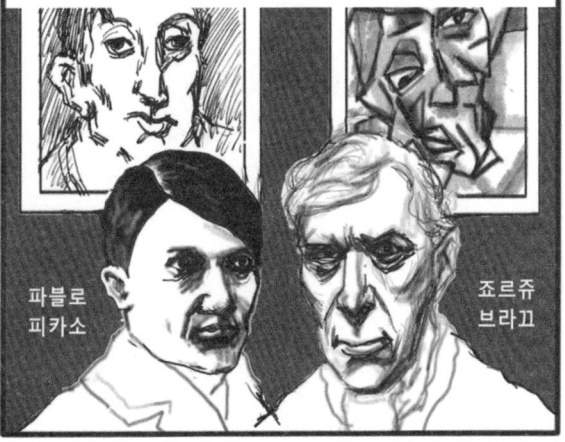

지금부터 이 시대의 이야기를 해보려 한다.
많은 유럽인들이 떠나보내기 싫어했지만
다른 대륙의 많은 이들에게는 칠흑같이 어두운 밤이었던

끝내 전쟁의 파멸로 달려갔지만
잠깐이나마 새벽이슬처럼 빛났던
추악하고도 아름다웠던 그 시절의 이야기를 해보려고 한다.

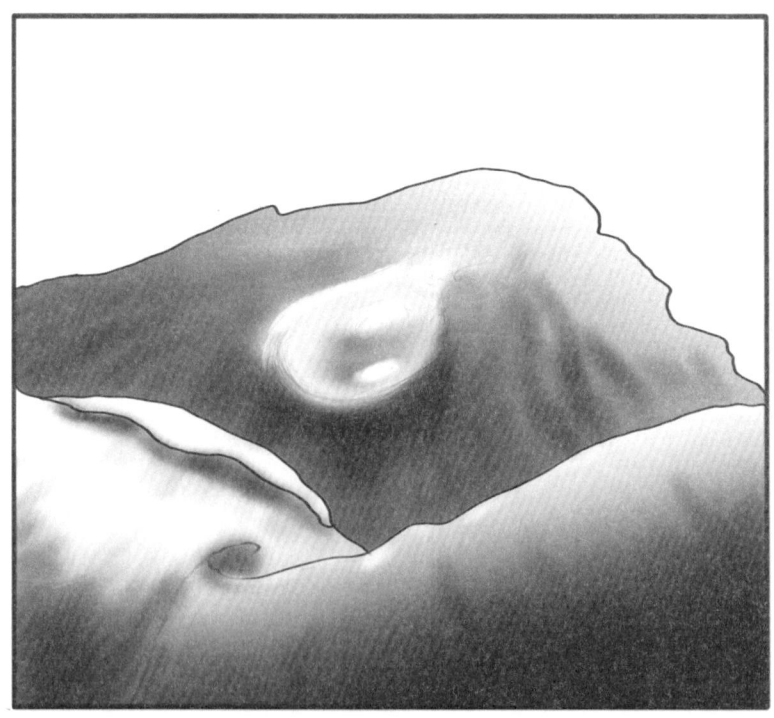

아름다운 시대
La Belle Epoque

Chapter 1

나폴레옹 조카 나폴레옹

나폴레옹 3세의 이야기

세계사의 중요한 사건과 인물들은 두번 되풀이 되는데
첫번째는 비극으로 등장하지만 두번째는 코메디로 등장한다.
(중략) 조카가 삼촌을 되풀이한 쿠데타가 바로 그런 것이다.

-칼 막스, 루이 나폴레옹의 브뤼메르 18일 쿠데타

이야기의 시작은 아무래도 19세기의 빠리에서부터 해야 할 것 같다.

비행기가 빠리에 착륙할 때가 되면 이런 안내방송이 흘러나오곤 한다.
승객 여러분, 곧 예술과 낭만의 도시 빠리의 샤를드골 공항에 착륙하겠습니다.

맞다. 과연 빠리는 예술과 낭만의 도시이다. 앞으로 이 도시가 품었던 아름답던 시절의 예술과 낭만에 대해 많은 이야기를 나눌 것이다.

하지만 먼저 해야 할 이야기가 있다.

그것은 분노의 이야기이다

저항에 관한 이야기이며

피의 이야기이다. 프랑스-프러시아 전쟁과 빠리꼬뮌의 이야기...

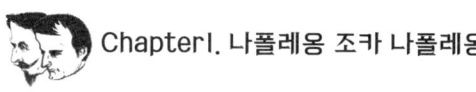 Chapter1. 나폴레옹 조카 나폴레옹

1789년 프랑스 대혁명이 일어났다. 프랑스 뿐 아니라 온 유럽을 통째로 뒤흔든 세계사적 사건이었지.

성난 혁명군중들은 바스띠유 감옥으로 몰려갔다. 프랑스 대혁명 기념일인 7월 14일은 군중들이 바스띠유 감옥을 점령한 날이다. 그만큼 바스띠유는 타도 대상이던 구체제(앙시앙 레짐)의 상징 같은 것이었지.

바스띠유로!!

그런데 실제로 감옥문을 열어보니 정치범은 거의 없었고 잡범들만 있었다는군. 역사는 때때로 이렇게 유머러스하단 말이지.

뭔일이여?

1789년의 사건을 굳이 대혁명이라고 부르는 이유는 그 후로도 무수한 혁명들이 이어졌기 때문이다. 하나같이 극렬하고 피비린내 나는 사건들이었지. 프랑스인들에게 무혈혁명 같은건 없다구.

[프랑스 4대혁명]
1789 대혁명, 1830 7월혁명, 1848 2월혁명, 1871 빠리꼬뮌

사실 역사에 기요땡 만큼 억울하고 잘못 알려진 인물도 드물 것이다.
첫째, 그는 길로틴이라는 처형기구를 만들지 않았다. 다만 의사로서
인도적 견지에서 교수형이나 망나니에 의한 참수형보다 고통이 짧은
길로틴형을 주장했을 뿐이다. 그는 사형 폐지론자였다고 한다.
둘째, 그 자신도 길로틴으로 처형되어 죽었다는 설이 있는데 이건
낭설이다. 75세의 나이로 병상에서 세상을 떠났다.

하도 억울해서 기요땡박사의 후손들이 이 사형기구를
길로틴이라고 부르지 못하게 해달라고 법원에 청원을
했다는데 법원인들 별 수가 있었겠나?

그리고 길로틴은 19세기 일로나 생각하는데 꽤 오랫동안 사용되었다.
마지막 희생자가 1977년에 처형된 살인범이었으니까.

따지자면 루이 16세도 억울한 면이 있다.
이 사람 소심하고 무능했지만 꽤 성실하고 선량한 왕이었다.
아버지, 할아버지 대에서부터 쌓이고 쌓인 구체제의 모순이
자기 대에서 폭발해버린 불운의 사나이라고 할까?
이 점에서 130년 후 러시아혁명의 와중에서 온 가족이
혁명군에 의해 사살 당한 니콜라이 2세와 닮은꼴이라고
할 수 있다. 이 이야기는 나중에 할 것이다.

우유부단하고 소심했던 루이 16세,
하지만 마지막 순간에는 의외로 의연하게 죽음을
맞았다고 한다.
처형 전날 마지막 고해성사를 한 그는 닭날개와
채소에 포도주까지 곁들여 잘 먹고 비스켓으로
디저트까지 즐긴 후 아주 푹 잘 잤다고 시종이
기록을 남겨놓았다.

그리고 처형 당일, 군중의 함성에 묻혀 잘 들리진
않았지만 이런 멋진 말을 유언으로 남겼다.

여러분, 나는 죄없이 죽습니다만
나를 죽인 사람들을 용서합니다.
다시는 나와 같은 피가
프랑스 땅에 떨어지지 않기를
기도합니다.

루이 16세 하면, 우유부단하고
결단성이 없는 유약한 사람,
이렇게 알려져 있다.
하지만 죽음을 앞둔 루이 16세의
처신을 보면 그가 의외로 대단한
외유내강의 사나이였을지도
모르겠다는 생각이 든다.

평소에 용감한 척은 혼자서
다 하던 병사가 막상 죽음이 보이는
전투를 마주하면 가장 겁장이더라는
이야기를 종종 듣는다.

1979년
박정희 대통령 암살현장에는
경호실장 차씨가 있었다.

그는 1961년의 쿠데타에 대위로 참가했다가
군사정권에 무조건적 충성을 과시하며
경호실장으로까지 출세했는데,

그날, 암살의 총성이 울리기 직전까지도
대단히 과격했다지.

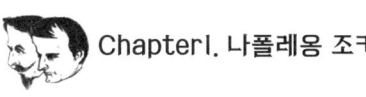

Chapter1. 나폴레옹 조카 나폴레옹

그러던 그가 정작 운명의 순간, 중앙정보부장 김씨의 총알이 자기 손등을 스치자 손을 감싸쥐고는 화장실로 달아나버렸다.

권총이란 것이 지척에서 쏘아도 명중율이 낮고 급소에 맞지 않으면 한 방에 죽지는 않는다는 사실을 군인 출신인 차씨도 잘 알고 있었을텐데. 암살자 김씨를 덮치거나 대통령을 감싸안기라도 했어야지,

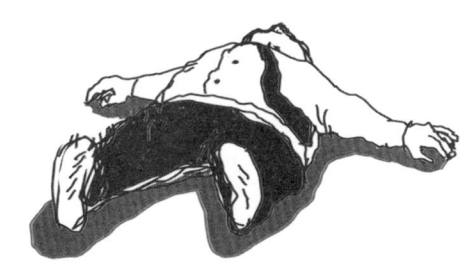

Chapter1. 나폴레옹 조카 나폴레옹

그는 프랑스 혁명정신의 전도사로 자처하며 이웃 절대군주국가들을 승승장구 제압하여 국적을 불문하고 젊은 진보주의자들 사이에서 인기가 높았는데,

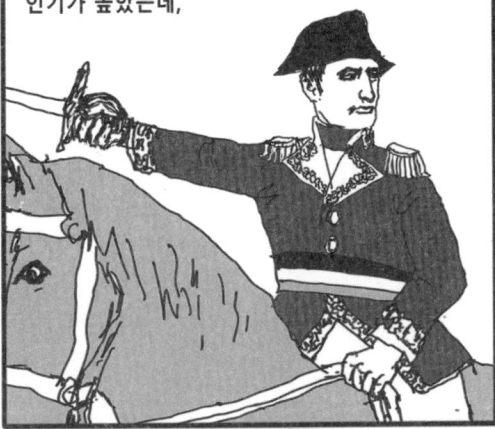

이들에게 실망스럽게도 1804년에 스스로 황제로 즉위해버렸다.

"그래도 나는 다른 봉건군주와는 달라. 혁명정신의 황제라구."

"그도 한갓 속물이었군."

이 소식을 들은 베토벤, 나폴레옹에게 헌정하려고 작곡한 교향곡 3번의 원고를 찢어버렸다지.

나폴레옹이 초심을 지켰다면 오늘날 우리는 인류 역사상 가장 위대한 교향곡 가운데 하나인 베토벤 교향곡 3번을 영웅교향곡이 아닌 '나폴레옹 교향곡'이라고 부르고 있었을지 모른다.

1805년에 아우스테를리츠 전투에서 숫자가 훨씬 많았던 오스트리아-러시아 연합군을 교묘한 전술로 무찌르고 다음 해, 예나에서는 프러시아군을 격파했다.
말 그대로 무적불패, 이즈음이 나폴레옹 최고의 전성기였다. 옛날 우리나라 이발소 같은 델 가면 붙어있던 이 그림만큼이나 기세등등했다.

하지만 바다에서는 사정이 달랐다.
영국의 넬슨제독에게 밀리며 제해권을 잃게 되자 영국을 봉쇄할 계획을 세운다.

대륙에서 영국으로 들어가는 모든 물자를 차단한다. 영국을 에워싸고 굶겨죽이는거야.

원래 밀수사업이 짭짤한거야.
No Risk No Profit!

나도 꼭 끼워주게.

하지만 봉쇄령이라는게 일확천금의 기회가 되는 법이지.
유럽의 모든 나라들이 은밀히 영국과 암거래를 시작했다.

Chapter1. 나폴레옹 조카 나폴레옹

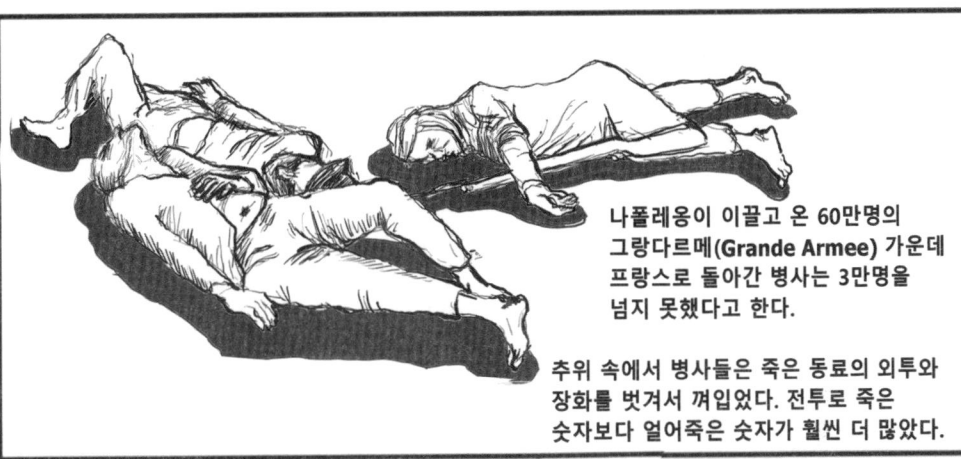

나폴레옹이 이끌고 온 60만명의 그랑다르메(Grande Armee) 가운데 프랑스로 돌아간 병사는 3만명을 넘지 못했다고 한다.

추위 속에서 병사들은 죽은 동료의 외투와 장화를 벗겨서 껴입었다. 전투로 죽은 숫자보다 얼어죽은 숫자가 훨씬 더 많았다.

이 전쟁을 러시아에서는 1812년 애국전쟁이라고 부르는데 톨스토이는 '전쟁과 평화'라는 대작을 썼고 차이코프스키는 축포와 종소리가 요란한 1812년 서곡을 작곡했다.

이때부터 나폴레옹의 내리막길. 엘바섬 유배와 탈출, 워털루전쟁의 패배로 이어지는 이야기는 생략하고 벨르 에뽀끄의 새벽인 1871년으로 서둘러 이야기를 재촉해보자.

그러려면 프러시아와 프랑스가 전쟁을 벌인 1870년까지의 역사를 살펴보아야 하는데 두 인물을 따라가보는 것이 흥미로울 듯 하다.

전혀 다른 유형의 두 사나이가 결국 이 전쟁에서 만나게 되니까.

다름 아닌 나중에 나폴레옹 3세가 되는 루이 나폴레옹과

프러시아의 철혈재상 오토 폰 비스마르크 이 두 인물이다.

황제가 된 나폴레옹과 황후 조세핀에게는 고민이 있었다.

대를 이을 아들이 없다는 것.

어느 쪽의 문제였는지는 알 수가 없다.

난 이혼한 전남편과는 애를 둘이나 낳았다구.

나폴레옹도 문제가 없는 것 같다. 왜냐하면 후에 아들을 얻기 위해 조세핀과 이혼하고 오스트리아의 공주 마리루이즈와 결혼해서 아들을 출산했거든. 그래도 이렇게까지 말할 필요는 없지 않았나?

이 여자의 자궁을 보고 결혼하는거요.

마리루이즈가 결국 아들 하나를 낳았는데 바로 나폴레옹 2세. 애지중지했지만 스물을 갓 넘겨 영국에서 요절해버려 역사적으로 기억할건 없는 인물이 되어버렸다.

어쨌건 이건 오랜 후의 일이고,

1800년대 초의 그때로 돌아가자. 후계자가 없어 안달인 나폴레옹에게 죠세핀이 이런 제안을 했다.

당신 동생과 내 딸을 결혼시켜서 후계자를 낳게합시다.

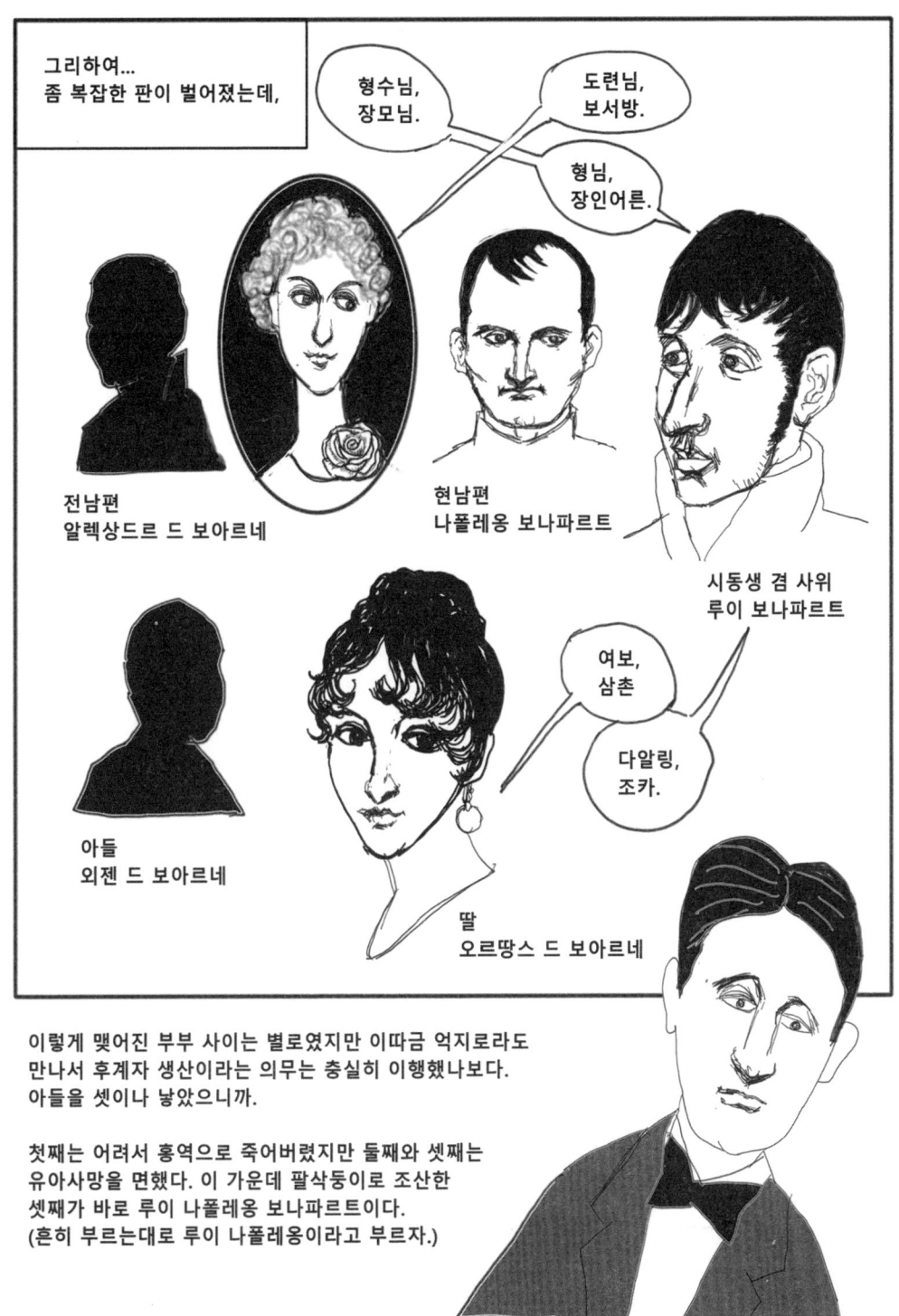

이렇게 맺어진 부부 사이는 별로였지만 이따금 억지로라도 만나서 후계자 생산이라는 의무를 충실히 이행했나보다. 아들을 셋이나 낳았으니까.

첫째는 어려서 홍역으로 죽어버렸지만 둘째와 셋째는 유아사망을 면했다. 이 가운데 팔삭둥이로 조산한 셋째가 바로 루이 나폴레옹 보나파르트이다.
(흔히 부르는대로 루이 나폴레옹이라고 부르자.)

루이 나폴레옹의 진짜 아버지는 딴 사람이라는 설도 있는데 일일이 DNA 친자검사를 했다가는 프랑스 역사를 전부 다시 써야 할지도 모르니 그냥 넘어가기로 한다.

어찌 되었건 이 조산아가 자라나서 우여곡절을 거치고 거쳐 40년 후에 프랑스 제2제정의 황제 나폴레옹 3세가 된다는 점이 중요하다.

이제부터 그 우여곡절 이야기를 좀 할 판인데,

그 전에 프랑스 근대사를 이야기할 때마다 등장하는 제1제정이니 제2공화정이니 하는 시대 구분부터 정리를 잠깐 하고 넘어가자.
앞으로 전개될 이야기들의 기초로 필요하니까.

헷갈려

짐이 곧 국가다.

프랑스대혁명 이전에는 절대권력을 가진 왕들이 다스리는 시대였지.
대혁명 직전까지 부르봉 가문이 통치했다.

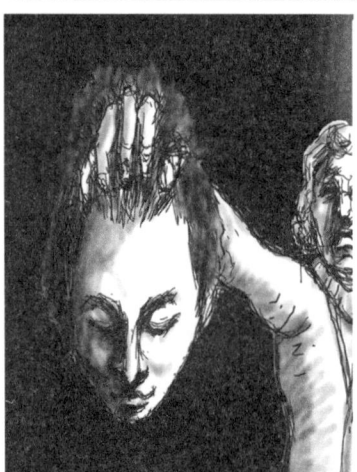

혁명 후 루이 16세를 처형하고 왕정을 폐지하고는 공화국을 수립했지.
이것이 공포정치가 이어졌던 대혁명 직후의 제1 공화정이다.

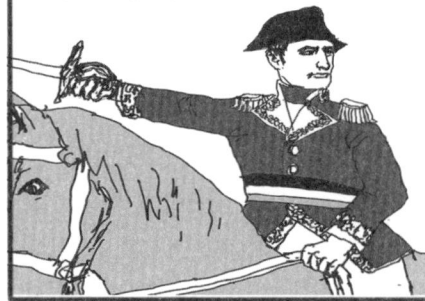

그러다 1804년에 나폴레옹 보나파르트가 전쟁영웅의 인기를 업고 황제에 즉위해 제국의 시대가 시작되는데 이게 제1 제정.
나폴레옹이 워털루에서 패전할 때까지 10여년 이어진다.

Chapter1. 나폴레옹 조카 나폴레옹

하지만 나폴레옹이 물러난 다음 곧바로 공화정이 들어선게 아니고 30여년 동안 부르봉왕가가 다시 등장한 시절이 있었다. **(Burbon Restoration)** 루이 16세의 형제들이 부르봉의 통치를 재현 했지만 반동정치를 펴다가 쫓겨나고, (1830년 7월혁명)

루이 필립 (1773~1850)

부르봉의 방계인 오를레앙 가문에서 나온 루이 필립이 왕위를 이었는데 그 마저도 1848년의 2월혁명으로 쫓겨나 다시 공화국이 세워지니 이때부터가 제2공화정이다.

그런데 이 제2공화정이란게 4년도 지속되지 않았다. 대통령으로 선출되었던 루이 나폴레옹이 1852년에 황제 대관식을 하여 나폴레옹 3세가 되어버렸거든. 이게 제2제정이다.

집안의 내력이라고나 할까?

제2제정은 18년이나 지속되다가 프러시아와의 전쟁에서 패한 후 사라진다. 그 다음에 등장한 것이 제3공화정이다.

복잡하다...

그래서 다음 페이지에 하나의 도표로 정리했다.

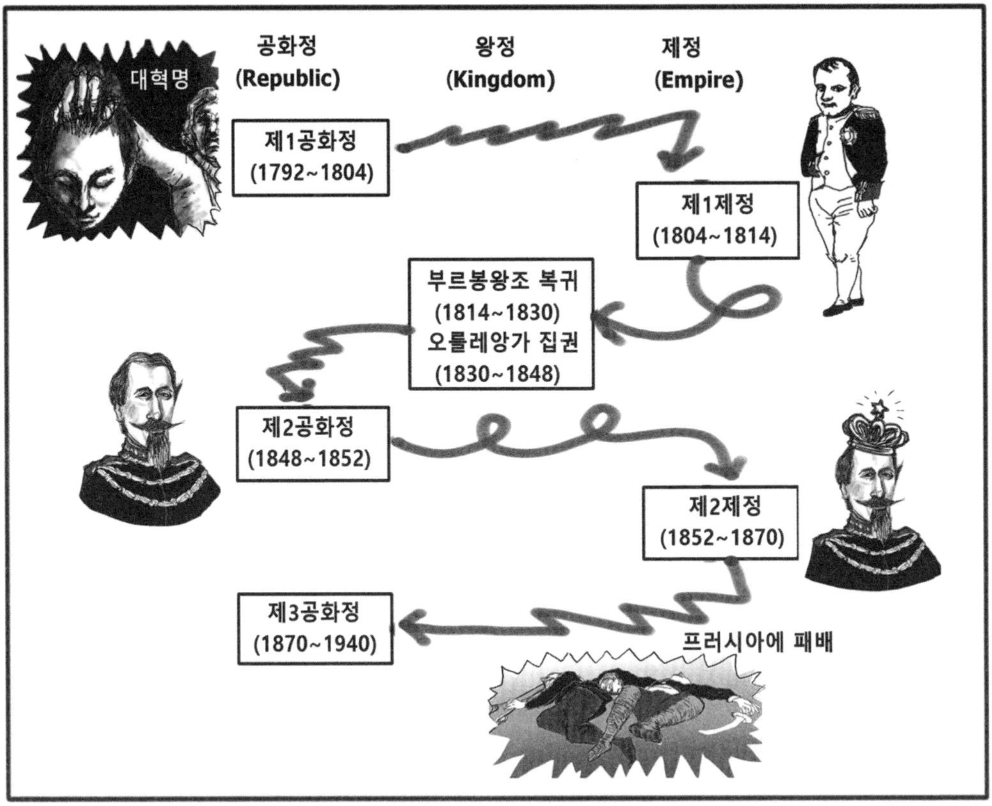

```
           공화정              왕정              제정
          (Republic)        (Kingdom)        (Empire)

   대혁명     제1공화정
           (1792~1804)
                                              제1제정
                                           (1804~1814)

                       부르봉왕조 복귀
                        (1814~1830)
                        오를레앙가 집권
                        (1830~1848)

           제2공화정
           (1848~1852)
                                              제2제정
                                           (1852~1870)

           제3공화정
           (1870~1940)              프러시아에 패배
```

80년 사이에 소위 국체라는 것이 여섯번이나 바뀐 것이다. 그 사이 사이에 피로 얼룩진 혁명들이 자리잡고 있다. 혼란스러운 근대사라 할 수 있겠다. 일본이 메이지유신 후에 정치의 롤모델을 찾으러 유럽에 갔다가 프랑스의 역사를 보고 놀라서 정치는 영국을, 군대는 독일을 모델로 삼기로 했다지. 그러나 이게 프랑스인들에게는 전통이고 자랑이다. 프랑스 국가 라 마르세이에즈(La Marseillaise)만 들어봐도 느낌이 딱 온다.

시민들이여 무기를 들어라.
Aux armes, citoyen.
전투대형을 갖춰라.
Formez vos bataillons.
전진하라! 전진하라!
Marchons, marchons!

이렇게 노골적으로 피를 부르는 국가를 행사 때마다 버젓이 부르는 나라가 프랑스다.

 Chapter1. 나폴레옹 조카 나폴레옹

다시 루이 나폴레옹에게 돌아간다.

루이 나폴레옹은 일생동안 여러번 외국으로 추방되거나 망명생활을 하게 되는데 첫번째 추방을 여섯 살에 경험하게 된다. 나폴레옹 1세의 몰락 후 보나파르트 일가는 정권에게 골칫거리였겠지. 어머니 오르땅스 드 보아르네는 두 아들을 데리고 긴 여행을 떠나게 된다.

덕분에 루이 나폴레옹은 스위스나 독일 남부의 바바리아 지방(뮌헨이 있는 지역) 같은 곳에서 어린 시절을 보내게 되는데 이때 굳어진 독일어 액센트를 평생 고치지 못했다고 한다.

하지만 루이 나폴레옹은 자라나면서 언젠가는 자신이 삼촌의 뒤를 이어 다시 프랑스의 황제가 되어야 한다는 신념을 가지게 되었다. 특히 자기 형과 나폴레옹 1세의 유일한 적자 나폴레옹 2세 루이 샤를이 요절하자 그 신념은 더욱 강해졌다.

이런 생각이 워낙 강해서 좋게 말하면 불굴의 신념이고 나쁘게 말하면 심각한 과대망상이라고 할 정도였다. 이런 과대망상이 그를 풍운아의 인생을 살게했다.

Chapter1. 나폴레옹 조카 나폴레옹

루이 나폴레옹이 열다섯 살 되던 해에 가족들이 로마로 이주를 하였다.
당시의 이탈리아는 고대 로마제국의 영광은 까마득한 과거의 일로 사라진 채
분열된 도시국가들이 오스트리아제국의 합스부르크 왕가의 지배를 받는 형편이었다.

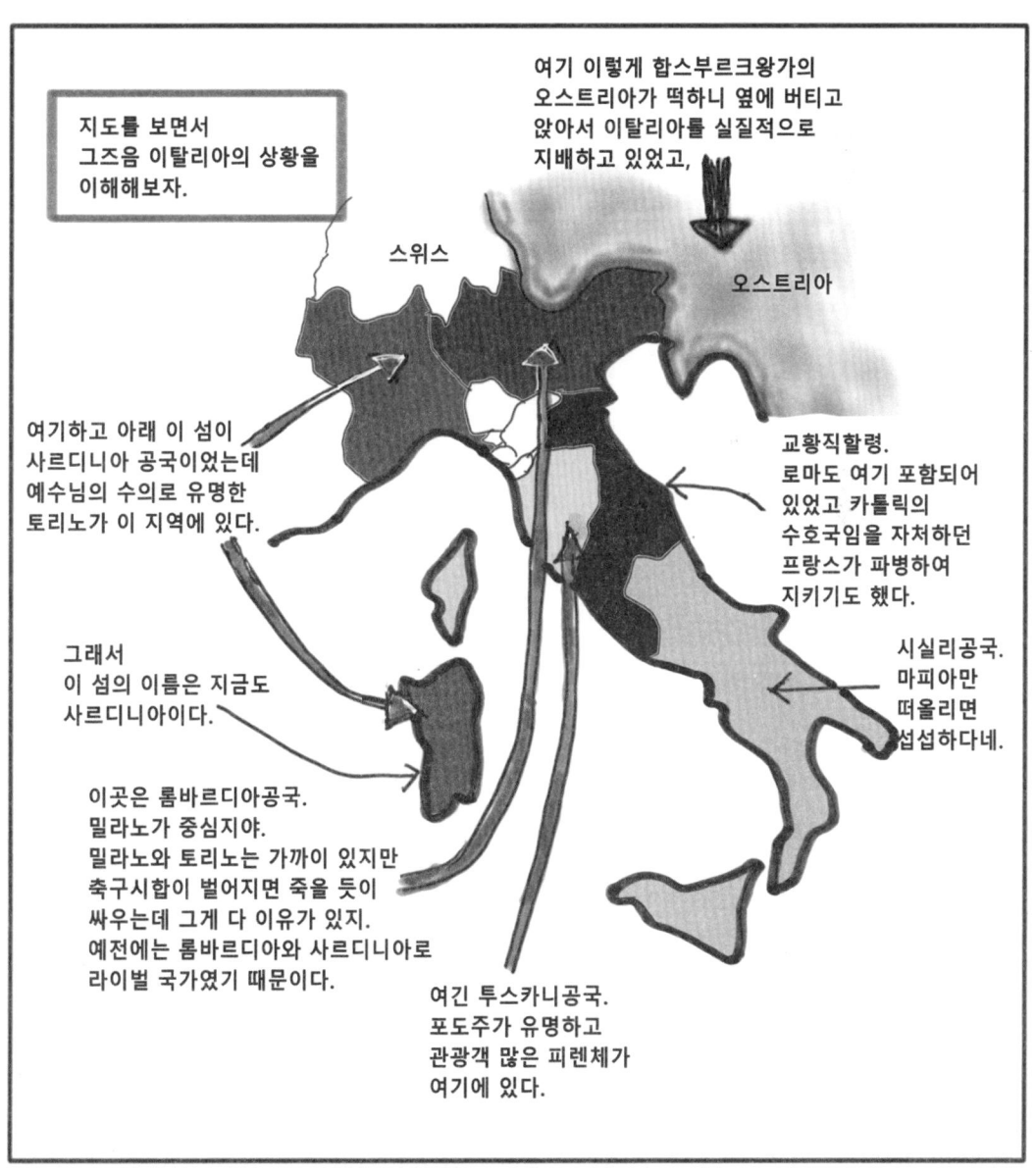

베르디의 오페라 '나부코'에는 저 유명한 '히브리 노예들의 합창'이 등장한다.

Va Pensiero sulali d'orate
가라, 생각이여 황금빛 날개를 타고

이렇게 첫 소절이 시작한다. 멋진 가사 아닌가?
몸은 가둘 수 있지만 인간의 생각은 가둘 수 없다.
어디로든 날아갈 수 있는 것이다. 그리운 고향에든
사랑하는 사람에게로든.

이렇게 이탈리아인들은 바빌론으로 끌려간 히브리 노예들에게서 로마제국의 영광을 잃어버리고 오스트리아의 지배를 받는 자신들을 떠올린 것이다.

O mia patria si bella e perdutta
오 나의 조국이여, 그렇게도 아름답건만 빼앗겨버린.

그래서 이 노래는 이탈리아에서 제2의 국가 대접을 받는다. 이 노래를 부를 줄 안다면 여행 중에 돈이 떨어져도 빵 한조각은 얻어먹을 수 있을걸.

 Chapter1. 나폴레옹 조카 나폴레옹

분열된 약소국 이탈리아의 통일과정은 한 세기가 걸릴 정도로 복잡다단한 일이었다. 오스트리아로부터 독립도 쟁취해야지,

프랑스 대혁명을 막 지켜본 터라 이왕이면 왕정을 벗어나 공화국의 간판도 달고 싶지,

로마교황청의 간섭에 신경을 안 쓸 수도 없는 노릇이고,

지지리 못사는 남부지역이 뒷다리를 잡아도 끌고라도 가야했지.

아무튼 청년 루이 나폴레옹이 도착한 그즈음의 이탈리아는 할일이 널린 낭만적 혁명가의 시절이었다. 풍운아에게 딱 맞는 무대가 펼쳐져 있었던거지. 이런 정국에서 루이 나폴레옹 형제는 까르보나리란 비밀결사에 뛰어들게 된다.

까르보나리?
까르보나라라는 이탈리아 국수 이름은 들어봤어도...

까르보나라라는 파스타 이름이 떠올랐다면 크게 틀리지 않은거다. 둘다 까르본(카본), 즉 석탄이라는 단어에서 나온 말이니까. '까르보나라'는 가난하던 석탄 광부들이 즐겨먹었기 때문에 붙여진 이름으로 추정된다.

나카사키에 유학 온 가난한 중국유학생들이 즐겨 먹던 음식에서 나카사키 짬뽕이 유래한 것처럼 말이다.

까르보나리는 모짜르트에서부터 죠지 와싱턴, 클라크 게이블까지 회원이었다는 오래된 비밀결사인 프리메이슨(Freemason)이 석공이라는 평민의 직업에서 단체의 이름을 따온 사실에 영감을 얻었을 가능성이 많다.
(프리메이슨의 엠블럼이 미국 지폐 도안에도 들어가 있다는 음모론은 잘 알려진 얘기고)
게다가 착취받는 석탄 광부, 까르보나리는 기득권 지배에 저항하는 이 비밀결사의 이미지에 잘 어울렸겠지.

이탈리아의 독립운동 하면 떠오르는 두 인물, 가리발디와 마찌니. 이들 모두가 까르보나리 출신들이지.

Giuseppe Garibaldi
(1807~1882)

Giuseppe Mazzini
(1805~1872)

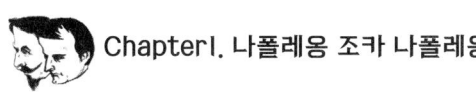

묵고 있던 호텔은 방돔광장에 있었다. 호텔의 창문을 열자 군중들이 광장에 모여서 나폴레옹의 이름을 외치는 광경이 눈에 들어왔다. 그날은 1831년 5월 5일, 나폴레옹 보나파르트가 세인트 헬레나 섬에서 죽은지 10주기 되는 날이었다.
부르봉과 루이 필립의 보수반동 정치에 불만을 품은 군중들이 루이 나폴레옹이 묵던 호텔 앞, 첨탑 꼭대기에서 나폴레옹 1세의 동상이 내려다 보고 있는 방돔광장에서 시위를 벌인 것이다.

루이 필립은 경악했다.

이게 바로 내가 제일 걱정했던 거야. 당장 추방하라!

루이 나폴레옹은 쫓겨났지만 느낀 바가 있었지. 그래, 나폴레옹이라는 이름은 여전히 위대하군.

루이 나폴레옹, 그 영광을 되살릴 사람은 바로 너 밖에 없어!

Chapter1. 나폴레옹 조카 나폴레옹

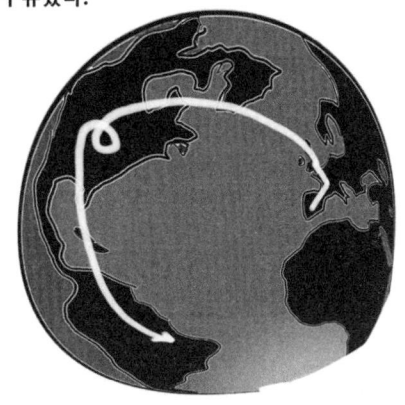

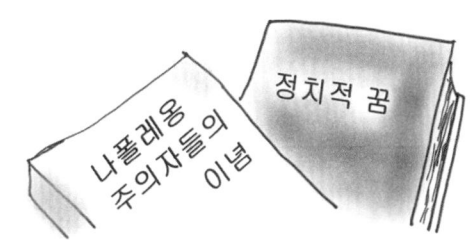

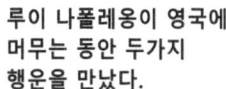

Chapter1. 나폴레옹 조카 나폴레옹

서북방에서 귀인이 나타날 운세이니 천지가 꽃밭이로다.

그 귀인이 여성이라는 뜻이렸다.

당시 프랑스에서 최고의 인기를 누리던 여배우 라헬이 영국을 방문했을 때 루이 나폴레옹과 염문을 뿌렸는데...

그 귀인은 아니었고,

서북방은 영국인 모양이고 여기서 나타난 귀인은 바로 이 여인이었다. 헤리엣 하워드.

헤리엣 하워드
(1823~1865)

루이 나폴레옹과 만났을 때 방년 스물 세살이었지만 열여덟에 어떤 재력가의 아이를 낳아서 큰 재산을 떼어받은 터. 이미 상당한 재력가였다고 한다.

역사를 보면 자신의 재력으로 큰 인물을 후원한 여성들이 종종 등장한다. 대표적인 예가 열다섯 연하인 무하마드를 도와서 신흥종교를 일으킨 부유한 과부 카디야가 있고,

벨르 에뽀끄 시대에는 차이코프스키를 후원했던 폰 맥 부인도 있다.

이 두사람은 무수한 편지를 주고받았지만 단 한번도 만나지 않았다지.

두번째 행운은 1848년 프랑스에서 2월혁명이 일어난 것이다. 빠리는 또다시 바리케이드로 뒤덮였다.

보수 세력을 대변하며 반동 정책을 펴던 오를레앙 정권의 루이 필립이 무너지고 말았다.

Chapter1. 나폴레옹 조카 나폴레옹

이 혁명의 결과 제2공화정이 들어서게 된 것은 일찌감치 공부했었다.
그러니 공화국의 대통령을 뽑을 선거가 치러질 참이었는데 루이 나폴레옹의 운이 뻗치느라고 때 마침 참정권이 확대된거야.

제1제정
(1804~1814)

부르봉왕조 복귀
(1814~1830)
오를레앙가 집권
(1830~1848)

제2공화정
(1848~1852)

이번 선거에 나폴레옹 그 양반도 출마하는 모양이라.

오잉, 그 냥반 여적 살아계셨드랬어? 그럼 뽑아드려야재.

새로 참정권을 얻은 농민들에게 나폴레옹이라는 이름은 아직 대단한 약빨이 있었거든.

거기다 개혁성향을 기대한 도시의 노동자들도 몰표.

이런 책도 썼네.

가난의 추방이라...

L'extinction du Paupe(risme)

그해 12월 루이 나폴레옹은 프랑스의 대통령으로 화려하게 등장했다. 그의 나이 마흔살 때였다.

2017년 마크롱이 37세의 나이로 당선될 때까지 깨지지 않은 최연소 기록이었단다.

나폴레옹 1세의 대관식 기념일을 기해 쿠데타를 일으키고
국민들에게 제정의 부활을 호소했다.
일생일대의 화려한 연설을 남기게 되지.

Chapter1. 나폴레옹 조카 나폴레옹

플레버시트(Plebiscite), 독재자들이 정권을 유지하거나 정당성을 확보하기 위하여 자주 이용하는 방법이다.
의회를 건너뛰고 국민총투표를 실시하여 97퍼센트라는 압도적인 지지를 받아 황제로 등극한다.

1852년에 일어난 일이었다.

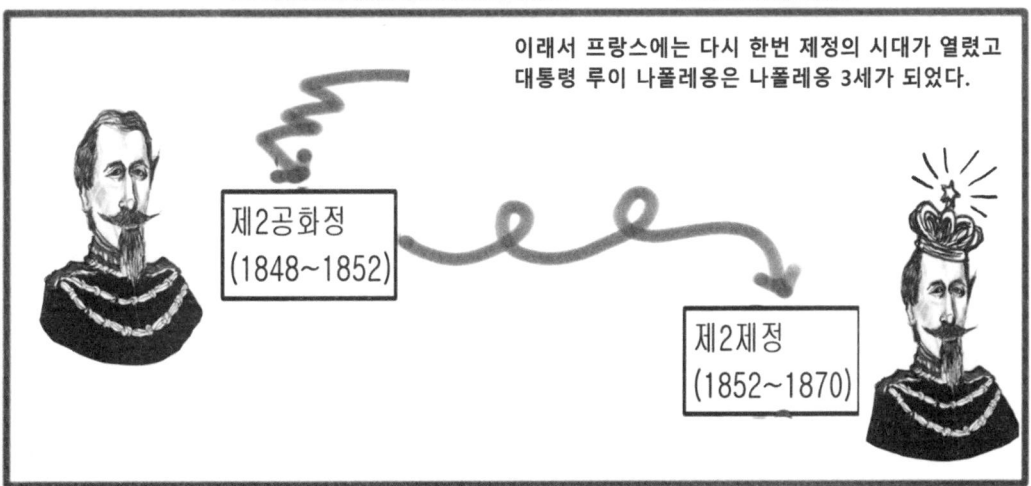

이래서 프랑스에는 다시 한번 제정의 시대가 열렸고 대통령 루이 나폴레옹은 나폴레옹 3세가 되었다.

제2공화정 (1848~1852)

제2제정 (1852~1870)

영국이나 프러시아에 뒤져있던 인프라 사회간접자본을 대폭 확충하고

금융시스템도 근대화 시켰지. 크레디리요네나 소시에떼제네랄 같은 대형은행이 탄생한 것도 이때 나폴레옹 3세 시절이었다.

길을 넓힌 건 빠리 시민들의 특기인 바리케이드를 치기 어렵게 하려는 의도였다고도 한다.
그리고 이때 시내 곳곳에 흩어져 있던 슬럼을 몰아내서 몽마르트르 구역에 집중시킨 것이 후에 빠리꼬뮌의 전개에 큰 영향을 미친 것도 흥미롭다. 이건 나중에 빠리꼬뮌 이야기 때.

Chapter1. 나폴레옹 조카 나폴레옹

전쟁과 영토확장에도 열심이었지. 영국과 연합하여 크림전쟁에서 러시아에 승리를 거뒀고,

1856년 세바스토폴 함락

코친차이나, 캄보디아를 먹어치웠을 뿐 아니라 멕시코, 광쩌우도 기웃대었고,

조선의 강화도라는델 쳐들어갔다가 외규장각의 도서를 훔쳐온 사건도 이때였다. (병인양요)

쪼끄만 나라에 뭔 책이 이리 많은겨?

1869년에는 이집트에 장장 192km의 수에즈운하를 뚫어내 프랑스의 국력을 만방에 과시했지.

너무 우쭐해져서 오랜 후 파나마운하에서 호되게 당하게 되지만. 이 얘기는 나중에.

개통 기념공연을 화려하게 했는데 베르디의 오페라 '아이다'였지 아마. 이 오페라의 배경이 이집트거든.

AIDA by G. VERDI

이런 화려한 것들만이 아니야. 잊기 쉬운데 여성교육을 확대하고 노동자의 단결권과 파업권을 보장한 것도 이 나폴레옹 3세의 공적이었단 말이지.

이런 와중에 프랑스를 경악하게 한 사건이 벌어졌으니 프러시아가 오스트리아 제국과 전쟁을 벌여 단 두달만에 간단히 승리를 거둔 것이다.

아니, 프러시아가 오스트리아제국을 저렇게 쉽게 이겨버렸단 말이야?

1866년 프러시아-오스트리아 전쟁

그런데 프러시아에게는 훨씬 더 큰 야심이 있었다.
나폴레옹 3세의 허영과 자기과시욕과 국수주의는 이 야심에 이용을 당하게 되는데
그 계략의 중심에 비스마르크라는 인물이 있었다.
극단적으로 대비되는 이 두 인물이 함께 추는 춤이 유럽 역사의 흐름을 바꿔놓게 되는 만큼
비스마르크 이 사람을 좀 알아보고 넘어가자.

Chapter 2

거친 사나이 철혈재상 비스마르크

신사와 함께 있으면 나는 1,5배 신사일 것이고
사기꾼과 함께 있으면 1,5배 사기꾼이 되어 주리라.
-오토 폰 비스마르크

오토 폰 비스마르크 (Otto von Bismarck)

우리가 흔히 철혈재상이라고 부르는 프로이센의 명재상. 1815년생이니 루이 나폴레옹보다 일곱살 아래다. 이름 안에 폰, 이런 게 들어있으니 좀 있는 집안일 가능성이 많겠지? 하지만 대단한 귀족 가문은 아니었고 융커(**Junker**) 집안에서 태어났다.

오토 폰 비스마르크
(1815~1898)

융커라면 소작농을 거느리고 있는 북부 독일의 지주계급인데 먹고 살기에는 부족함이 없지만 세련되지 못한 시골 유지라는 인상이 강하다. 정치적으로는 지주인 이상 당연히 보수적 성향이었겠지.

하지만 어머니 빌헬르미네는 베를린 출신이었다.
우아하고 지적이었다고 한다.
게다가 멘켄 집안의 딸이다.

그녀의 아버지, 그러니까 비스마르크에게는 외할아버지가 되는 아나스타시우스 루드빅 멘켄은 꽤 거물이었다. 주 스웨덴 대사와 외무부장관을 역임했지만 빌헬르미네가 열두살 때 세상을 떴다. 만약 더 오래 살았다면 딸을 시골의 융커보다는 더 화려한 집안으로 시집 보냈을 것이다.
그랬다면 비스마르크도 없었겠지.

루드빅 멘켄
(1752~1801)

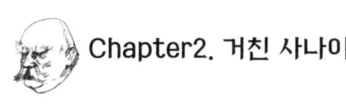# Chapter2. 거친 사나이

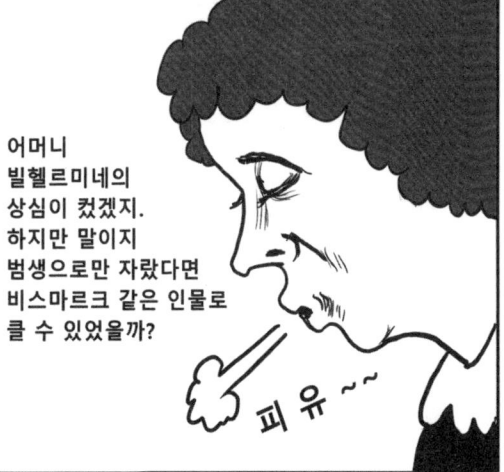

라 벨르 에뽀끄 시절의 미국은 서부시대였다. **Wild Wild West**의 시대. 이 당시의 미국 서부의 결투 장면을 서부영화에서 많이 보았지만 유럽도 벨르 에뽀끄의 전반까지만 해도 모욕을 갚는 명예로운 해결방법으로 결투를 용인하던 시대였다. 단, 조금 더 격식이 있었지.

Chapter2. 거친 사나이

결투 이야기가 나온 김에 한 페이지만 옆길로 새자.
벨르 에뽀끄 시대보다는 좀 앞서지만 19세기의 가장 유명한 결투는 러시아 시인 알렉산드르 푸쉬킨의 결투일 것이다. 그가 정통적인 러시아 사람처럼 보이지 않는 것은 모계에 오스만 투르크의 술탄이 피터 대제에게 선물로 바친 아프리카인의 피가 섞여있기 때문이다.

그는 이런 시를 쓴 사람이다.
"삶이 그대를 속일지라도
슬퍼하거나 노여워 말라.
우울한 날들을 참고 견디면
기쁨의 날이 오리니"

푸쉬킨도 이 시가 150년 후에 한국이란 나라의 산업근대화 시대에 지치고 가난한 사람들을 위로하게 될 줄은 몰랐을 것이다. 웬만한 이발소에는 액자에 이 시가 걸려있었다. 국적을 알 수 없는 풍경을 배경으로 말이다. 삶이 사람들을 속이고 배신하던 시절이었다.

푸쉬킨에게는 나탈리아라는 예쁜 아내가 있었는데 죠루쥬 당떼스라는 프랑스의 망명 귀족과 불륜에 빠졌다는 소문을 듣고 결투를 신청했다. 그 결투는 눈 쌓인 강가에서 벌어졌는데 푸시킨은 하체에 치명상을 입고 이틀 뒤에 사망했다.

푸쉬킨은 유명한 오페라 대본도 몇 편 썼는데 '유제니 오네긴'의 결투 장면이 유명하다. 그 자신도 오페라의 주인공처럼 결투로 죽고 말았으니 애석한 일이다.

Chapter2. 거친 사나이

그런데 말이지, 여자란 위대한거야. 망나니, 거친 사나이 비스마르크를 철들도록 이끈 사람이 결국 다름아닌 여자였거든.

이 여인 마리 폰 타덴.

비스마르크가 이 여인과 사귀었냐구? 아니, 마리는 친구 모리츠의 애인이었지.

비스마르크는 이 커플의 데이트에 자주 따라다녔다고 해. (주책이군...)

친구의 애인이었지만 그녀를 흠모하고 존경했었나보다.

오토,

하느님이 오토에게 귀한 인생의 시간을 내려주셨는데...

오토처럼 훌륭한 사람이 그렇게 시간을 허비하는건 슬픈 일이에요.

마리는 독실한 루터교 신자였다. 비스마르크는 진지하게 자신의 삶과 종교를 돌아보게 되었다.

내가 너무 오랫동안 인생을 낭비했구나. 그리고 하느님을 잊고 살았어.

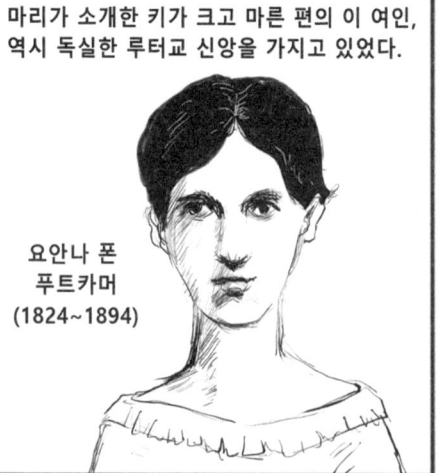

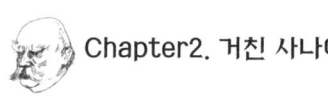 Chapter2. 거친 사나이

하지만 몇년 후, 불행한 일이 일어났다. 마리 폰 타덴이 결혼 2년 후, 불과 스물넷의 나이에 세상을 떠난 것이다.

마리 부부와 비스마르크, 요안나를 포함한 친구들의 여행중 감염된 바이러스때문이었다. 비스마르크의 충격은 대단했다. 그 난폭자가 모든 사람들이 보는 앞에서 엉엉 울었다지.

그래, 마리는 나와 요안나가 부부가 되길 원했어.

마리가 죽은 후 비스마르크는 결심했다.

보수파 정치인인 장인 앞에서 맹세를 하고 결혼 승락을 얻어냈다.

평생 요안나와 신앙을 지키며 살겠다고 맹세하겠나?

장인은 눈 앞의 예비사위가 장차 독일 최고의 정치가가 되리라고는 상상도 하지 못했겠지. 어쨌던 비스마르크는 이 맹세를 평생 지켰다.

이로써 비스마르크의 질풍노도의 시기는 막을 내린다. 헌데 그의 거칠고 자유분방한 젊은 시절 가운데에도 눈여겨 보아야 할 점이 있다. 이 시대 위인들의 공통점이기도 한데...

학교 공부는 소홀했지만 폭넓은 독서를 했다.
괴테와 쉴러를 읽었고 셰익스피어의 모든 작품을
좋아해서 연극에 참여하기도 했다.

바이런의 시를 암송했고
스피노자나 헤겔의 철학도 탐독했다.

Though the night was made for loving,
And the day returns too soon,
Yet we'll go no more a roving
By the light of the moon.

특히 영국의 역사와 문학에 해박했다.
덕분에 젊은 시절 직장도 때려치우고 쫓아다닌
이사벨라 가족의 호감을 얻을 수 있었겠지.

18~19세기의 유럽에서는 귀족이나 먹고 살만한
집안의 자제들은 젊어서 멀리 여행을 떠나는
풍습이 있었다. 괴테나 위고가 남긴 여행기나
멘델스존의 저 유명한 이탈리아 교향곡과
스코틀랜드교향곡은 그 젊은 시절의 여행의
인상에서 나온 작품들이다.

걷거나 기껏해야 마차나 범선을 이용하였을테니 고생스럽고
시간이 많이 걸렸겠지만
평소에 접할 수 없었던
사람과 인간사를 많이
만났을 것이다.

비스마르크는 특히 여행을
많이 다녔는데 호기심이
왕성해서 이 모든 것들을
열린 마음으로 빨아들였다.

어학적 재능이 있었는지
영어 뿐 아니라 프랑스어와 러시아어
실력도 상당했다.

I Love you.
Je t'aime.
Я тебя люблю

# Chapter2. 거친 사나이

멀고 험한 질풍노도의 시기를 돌아왔지만 그 자유분방한 경험이 헛된 것만은 아니었던거지.
친구도 여행도 독서도 모두 스마트폰으로 대신하고 오늘도 늦은 밤 학원버스를 타는 우리 시대의
아이들을 보면 가슴 한 구석이 답답하기만 하다.

결혼을 한 그 해 우연찮게 비스마르크는 정치에 입문을 하게 된다. 베를린에 새로 생긴 프러시아 통합의회의 의원이 된 것이다.

"수염도 좀 길렀죠."

"저 망나니가 우째??"

"우째 된거냐면 이렇게 된거다."

프러시아는 당시 절대군주제에서 입헌군주제로 넘어가는 과도기에 있었다.

의원이라고 해도 지금처럼 투표에 의한 선출직도 아니었고 유력인사가 추천하는 명예직 비슷한 것이었다.

권한도 오늘날의 의회와 비교해서 상대도 안될 정도였으니 비스바르크의 의회 진출이 대단한 출세는 아니었던거지.

암만 그래도 의원은 의원 자리였는데 비스마르크에게는 정치운이 있었나보다.

프러시아 의회 (Landtag)

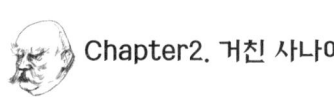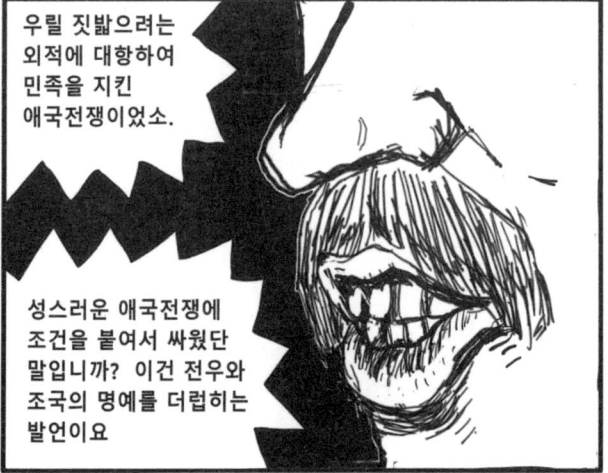

독일연방에서는 오스트리아가 전통적인 강국이었고 프러시아가 여기에 도전하는 신흥강국이었다.
나머지 37개의 자잘한 왕국, 공국들은 이 두 나라의 눈치를 보는 형편이었지.

연방국들은 게르만으로서의 유대감은 있었지만 각자의 나라만을 조국으로 생각하는 정서가 있었다.
지금도 이 연방이란 말이 들어있는 분데스리가(Bundesliga)에서 보는 독일의 강한 지방색도 이들이 한때는 다 하나의 독립국가였다는 점을 생각하면 납득이 된다.

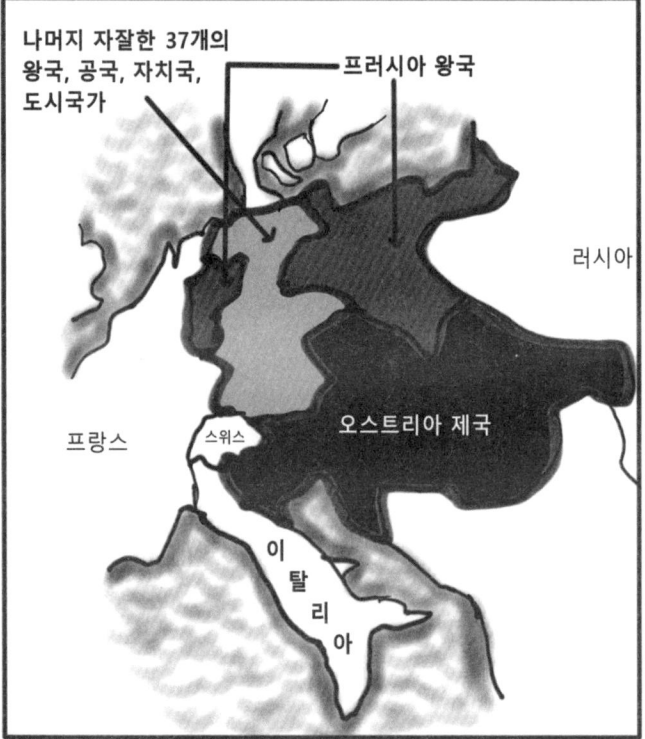

나머지 자잘한 37개의 왕국, 공국, 자치국, 도시국가

프러시아 왕국

러시아

프랑스 스위스 오스트리아 제국

이탈리아

비스마르크가 독일연방의회에 가보니 프러시아는 존재감도 없고 오스트리아가 단연 리더인거야.

명재상 메테르니히가 현역으로 뛰면서 비엔나를 유럽전체의 외교중심지로 터를 닦아놓은지 얼마 지나지 않은 시점이었다.

클레멘스 폰 메테르니히
(1773~1859)

프러시아는 시골의 졸부 정도로 취급하고 잘 끼워주지도 않더라는거야.

눈꼴 시군.

자네들 비엔나 와봤나? 밤만 되면 쉔브룬궁전의 홀에 요한 스트라우스의 왈츠가 쫘악 깔리면서 말이지.

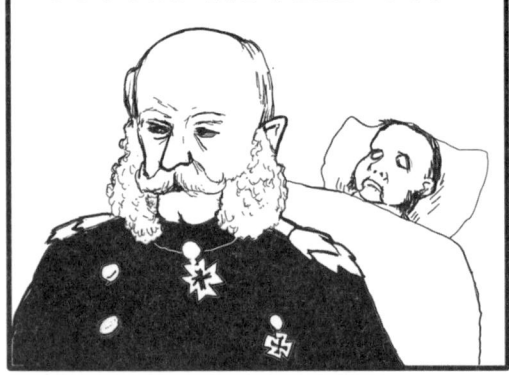

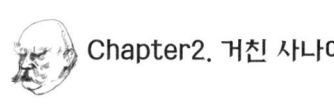

Chapter2. 거친 사나이

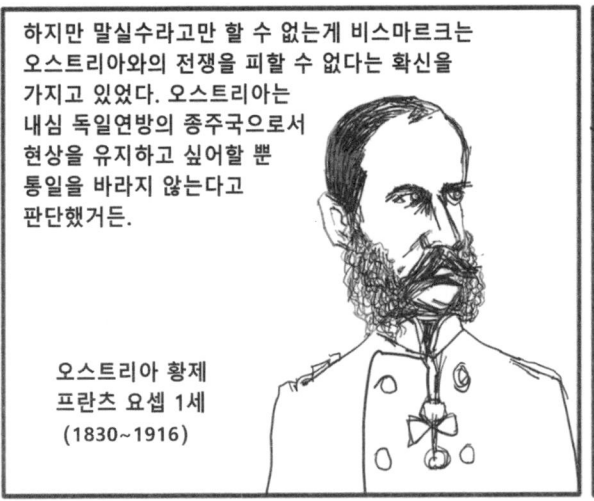
하지만 말실수라고만 할 수 없는게 비스마르크는 오스트리아와의 전쟁을 피할 수 없다는 확신을 가지고 있었다. 오스트리아는 내심 독일연방의 종주국으로서 현상을 유지하고 싶어할 뿐 통일을 바라지 않는다고 판단했거든.

오스트리아 황제 프란츠 요셉 1세 (1830~1916)

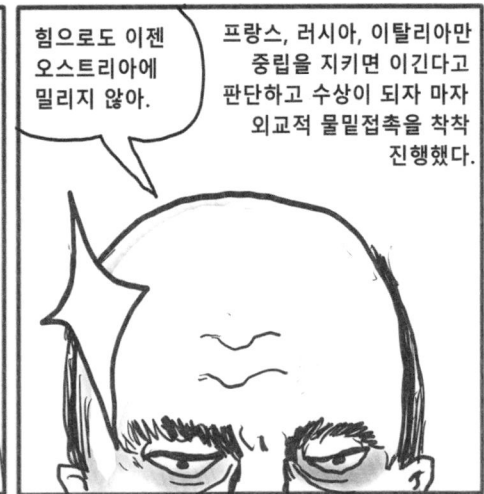
프랑스, 러시아, 이탈리아만 중립을 지키면 이긴다고 판단하고 수상이 되자 마자 외교적 물밑접촉을 착착 진행했다.

힘으로도 이젠 오스트리아에 밀리지 않아.

그러니까 전쟁이 불가피 하다는거요?

예, 폐하. 오스트리아를 제끼고 프러시아가 중심이 되어 통일하는 수 밖에 없습니다.

1866년 결국 오스트리아와의 전쟁이 터졌고 2개월만에 프러시아는 쾨니그라츠 전투에서 승기를 잡았다.

자세한 전쟁경과는 생략한다. 비스마르크의 진가가 발휘되는건 전쟁이 끝난 후니까. 쾨니그라츠 승전 후 최고위 작전회의가 열렸다.

비스마르크　　왕세자　　빌헬름 1세　　룬　　참모총장 몰트케

비스마르크가 평생토록 가장 염려한 것은 서쪽의 영국, 프랑스와 동쪽의 러시아를 한꺼번에 적으로 만들어 두개의 전선에서 싸워야 하는 상황이었다.
비스마르크는 한 수 앞을 내다보고 있었다.

그것은 수년내에 프랑스와 싸워야 할 것이기 때문입니다.
이 전쟁에 대비해서 가능한 한 많은 친구들을 만들어두지 않으면 안됩니다.

실제로 이런 일이 비스마르크가 죽은 후 1,2차 세계대전에서 벌어졌고 독일은 두번 다 패전국이 되었다. 이런 상황을 피하려고 그는 친러파라는 비난을 들어가면서도 언제나 러시아를 달래고 포용하려 했다. 비스마르크에게는 전략적 핵심에 집중하고 지엽적인 사안에 흔들리지 않는 안목과 배짱이 있었던거다.

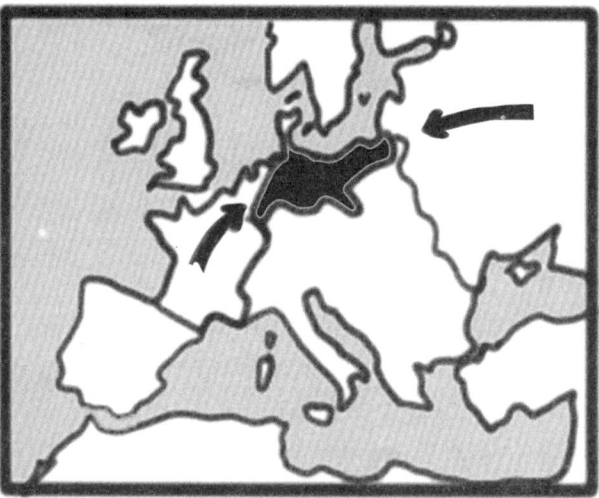

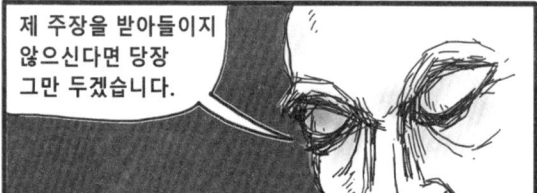

제 주장을 받아들이지 않으신다면 당장 그만 두겠습니다.

이것은 비스마르크의 상투적인 수법이다.
그의 전기를 읽다보면 수십번은 사직의 위협을 했던 것 같다. 수틀리면 병이 났다고 고향에 내려가서 수개월이나 출근을 하지 않았다.
수상에게 그런 일이 용납된 걸 보면 그래도 낭만적인 시대였나보다.

또 사표 썼군.

Chapter2. 거친 사나이

비엔나 진격문제로 다퉜지만 빌헬름 1세는 곧 비스마르크가 옳았다는 것을 깨달았다.

변덕은 좀 있어도 현명한 군주였다.

베를린에서 열린 개선환영식에서 빌헬름 1세가 대장 계급장을 달아줬는데 비스마르크는 대단히 감격했다고 한다.

때는 군국주의 시대였다.
군국주의란 근본적으로 아이들 병정놀이 같은 면이 있다.
깡통 계급장과 헝겊 표장도 군국의 명예고 자랑이었다.

역시 잘 어울리는군.

비스마르크는 지역 민방위군 같은 부대의 중위로 제대했는데 (당시에 귀족이나 지주는 대부분 장교로 복무했다) 이게 평생의 콤플렉스였다.

러시아 대사로 부임할 때 관례인 명예계급장도 안 달아주고 발령을 내서 대단한 불만이었다지.

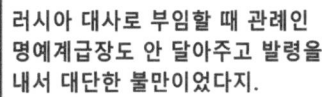

소령 계급장이라도 좀 달아주면 안되나?

생페테스부르그에서 자주 열리는 외교관 만찬 파티에 가면 별을 주렁주렁 단 예복들 사이에서 매우 의기소침 했다고 한다.

Chapter2. 거친 사나이

나폴레옹 3세와 비스마르크의 이야기를
이제 얼추 했다.
이제 그들을 클라이맥스에서 만나게
해야 할 때가 된 듯 하다.

벨르 에뽀끄 시대가 열리기 직전 유럽에서
벌어진 마지막 전쟁,
프랑스-프러시아 전쟁이 그것이다.

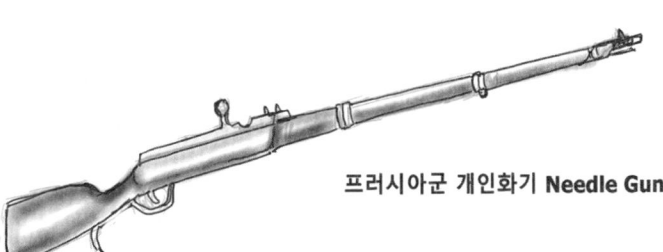

프러시아군 개인화기 **Needle Gun**

Chapter 3

비스마르크의 덫   프러시아-프랑스 전쟁

우리는 재앙 속으로 걸어들어가고 있다.
-프랑스 바제느 장군, 메츠로 출정하면서

귀관은 스당에 있었는가?
-나폴레옹 3세, 임종 직전

19세기 유럽 정치가들의 뇌를 해부하면 대충 이러했다.

Balance of power
Equilibre des forces
Gleichgewicht der Krafte

모두가 모두의 가상적국이었다. 누군가가 현재의 세력균형을 깰까봐 항상 의심했고 견제했다. 세력균형을 맞춘다는 명분으로 전쟁도 불사하였다.

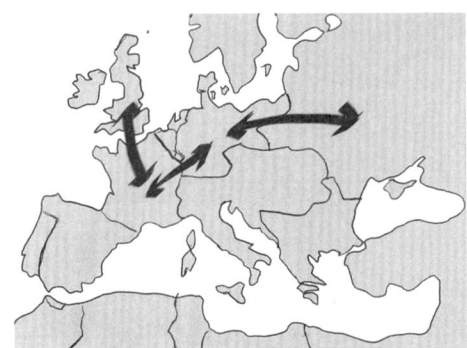

모두가 불안해 했고 이 불안을 해소하기 위해 수많은 동맹과 적대관계가 생기고 사라져갔다.

영국은 프랑스의 쇼비니즘이 항상 못마땅했고 프랑스는 촌뜨기로 여기던 프러시아가 힘자랑을 하며 우쭐대는걸 참을 수 없어했다. 프러시아는 프랑스와 싸울 때 러시아가 뒷문으로 치고 들어올까봐 걱정이었고,

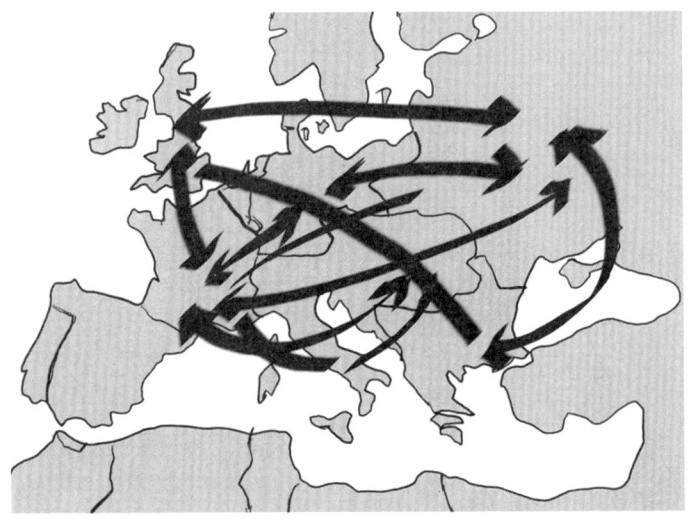

프랑스는 폴란드의 독립운동을 지원해서 러시아를 견제하려고 했고,
오스트리아와 프랑스는 이탈리아에서 영향력을 늘리려고 다투고 있었으며,
영국은 망해가는 오스만 투르크를 러시아가 통째로 집어 삼킬까봐 노심초사했다.

Chapter 3. 비스마르크의 덫

외교무대에서는 복잡한 계산과 술수가 벌어졌고 중간중간 힘을 과시하며 서로를 위협했다. 그래서 군인과 외교관이 가장 빛나던 시대라고 할 수 있다.

1866년에 프러시아가 예상 밖으로 쉽게 오스트리아를 격파하자 프랑스는 놀랐다.

아니, 1회전도 못가서?

나폴레옹 3세는 지나치게 커져버린 프러시아를 견제해야겠다고 생각했다. 프러시아에 주재하고 있던 대사 베네데티에게 훈령을 보내 프러시아-오스트리아 전쟁에서 중립을 지켜준 댓가로 라인강 서안의 영토와 룩셈부르크에 프랑스군대의 주둔을 요구하도록 했다.

과격한 우리 국민들의 민심을 달래려면 최소한 이 정도는...

이 남자를 기억하시길. 나중에 전쟁의 발발에 중요한 역할을 하게된다.

Vincent Benedetti (1817~1900)

하지만 때는 19세기,
벨르에뽀끄의 시절 아닌가?
스타일이란게 있었다.
전쟁으로 치닫는 와중에서도
우아함을 잃지 않으려 했다.

Chapter3. 비스마르크의 덫

1867년 나폴레옹 3세는 빠리에서 열린 세계박람회에 유럽의 지도자들을 초대하였다.
빠리의 유월은 아름다웠고 나폴레옹 3세의 환대는 극진했다.

빌헬름 1세는 반세기 전 1812년 청년장교이던 시절, 퇴각하는 나폴레옹 군대를 쫓아 빠리에 입성했던 추억을 더듬으며 즐거워 했다.

폴란드의 애국지사가 러시아 황제 알렉산더 2세를 암살하려다 실패한 사건을 빼놓고는 유럽의 정상들은 모처럼 함께 즐거운 시간을 보냈다.

알렉산더 2세는 농노해방을 실시하는 등 개혁적 군주였으나 일생동안 여러번 암살 시도를 겪다가 결국 1881년 생페테스부르그에서 암살 당하고 말았다.

첫번째 폭발에서 방탄마차 덕분에 목숨을 건졌는데 그 방탄마차는 나폴레옹 3세의 선물이었다지.
그러나 마차에서 나왔다가 기다리고 있던 대기조의 폭탄에 치명상을 입고 사망하였다.

나폴레옹 3세는 오쓰만 남작이 새롭게 건설한 화려한 빠리를 자랑하기에 바빴고

Chapter3. 비스마르크의 덫

뛸러리궁에서 무도회가 열렸다. 비스마르크는 황후 비서실에서 일하는 들라깔레뜨 부인과 춤을 춘 후 옷깃에 꽂혀있던 장미를 건네며 이렇게 말했다고 한다.

마담, 이 장미를 영원히 잊지 못할 제 마지막 왈츠의 기념으로 받아주시기 바랍니다.

비스마르크는 무릎 류마티즘을 앓고 있었다. 다리의 통증으로 이제는 춤추기가 어려워졌다는 뜻이었을까? 아니면 프랑스와 전쟁을 이미 결심하고 있었기에 묘한 감정이 일어나 이렇게 말한 것이었을까?

프랑스의 쇼비니즘과 나폴레옹 3세의 우월주의, 프로이사아의 게르만 민족주의와 빌헬름 1세의 야심, 두 나라 군부의 호전성...

전쟁으로 치닫는 조건들이 점점 무르익어 갔지만 역사에서 어떤 사건이 일어나려면 계기가 있어야 하는 법이다. 휘발유가 흥건해도 불이 나려면 조그만 불씨라도 있어야 하듯.

그 불씨는 묘한 곳에서 날아들었다. 1870년 여름의 일이다.

스페인의 여왕 이사벨라 2세 (1830~1904)

나이 열여섯에 정략결혼을 했는데 남편이 동성애자였다.

무슨 남자가 첫날밤에 들어오는데 잠옷을 내 것보다 레이스가 더 많이 달린 걸 입었더라구.

체구도 이사벨라 여왕보다 훨씬 작았다지.

첫날밤이 지나자 바로 별거를 시작하여 주변의 수많은 남자들과 바람을 피우며 내연남들에게 한 몫 씩 떼어주는 바람에 국고의 낭비가 이만저만이 아니었단다.

당시 유럽 왕가에서 이사벨라 2세의 사생활은 가장 흥미로운 가십거리였다.

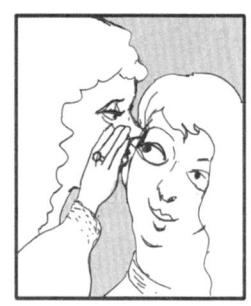

"그 사람은 너무 물러서 안된다니까요."

그 정도는 못본 척 해주겠는데 보수세력의 편을 들며 지나치게 정치에 간섭한 것이 문제가 되었다.

쿠데타가 일어나 여왕을 쫓아내고 임시군사정부가 들어섰다.

사족 :
주동자인 미남 장군 프란치스코 세라노도 여왕의 애인 중 하나였다.

"군림하되 통치해서는 안된다니까요."

쿠데타 세력에게 왕정을 폐지할 생각은 없었기에 유럽의 왕가에서 적당한 인물을 찾아서 이사벨라 2세의 후임으로 앉히고 싶었다.

왕위 선발작업이 시작되었다.

이 사람도 게이라는 소문이 있던데?

합스부르그 가문 모씨

또 부르봉이야? 노우.

부르봉 가문 모모씨

너무 늙었잖아? 장사 치를 일 있나?

로마노프 가문 모모모씨

Chapter3. 비스마르크의 덫

그리그리하여 후보로 낙점된 자가 레오폴드 왕자.
그는 호헨쫄레른-지그마링겐 가문 출신인데
이는 프러시아의 왕가인 호헨쫄레른 가문의 지파였다.

왜 독일인인 그를 후보로 골랐을까?

첫째는 그가 카톨릭이었기 때문이었다.
호헨쫄레른 본가는 신교파였지만 지그마링겐 지파는
카톨릭을 믿고 있었다. 스페인 국왕이 되려면 카톨릭이어야
한다는 첫번째 조건에 부합했다.

둘째는 나름대로 주변 강국의 입장을 고려했을 것이다.
프러시아야 자기 가문이니 문제없을 것이지만 프랑스도
반대하지 않을 것이라고 판단했다.

왜 그렇게 생각했을까?
레오폴드 왕자와 나폴레옹 3세가 보아르네 가문을 통하여
연결되어 있기 때문이었다.

보아르네 가문이라, 어디서 들은 것
같은데...

나폴레옹 보나파르트의 연상의
첫번째 부인 죠세핀.
그녀는 이혼녀였는데 전남편이
바로 보아르네 가문이었지.
전 남편과의 사이에 낳은 딸
오르땅스 드 보아르네를 시동생과
결혼시켜 루이 나폴레옹을 낳았지.
(기억 나시는가?)

그런데 레오폴드 왕자의 어머니가
보아르네 집안 출신이었다.
그러니 나폴레옹 3세와 레오폴드 왕자는
외가 쪽으로 친척이 되는거다.

그런데, 왜 이 이야기를 자세히 하느냐고?
바로 이게 전쟁의 전단이 되었기
때문이다.

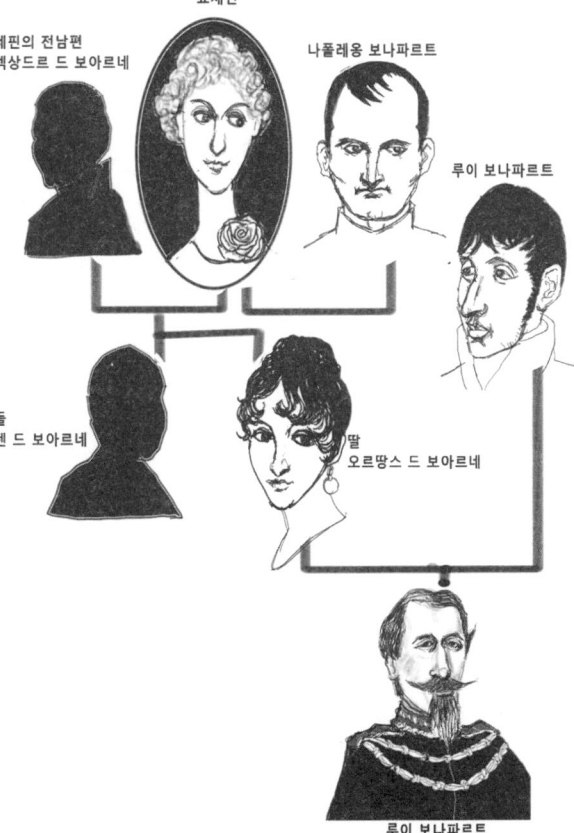

Chapter3. 비스마르크의 덫

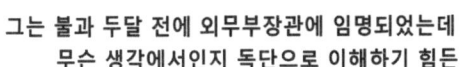

Chapter3. 비스마르크의 덫

사실관계를 건드리지 않으면서도 프랑스와 프러시아 두나라 국민들을 교묘하게 자극할 수 있도록 살짝 뒤틀었다.

우리나라에 아주 좋은 속담이 있다. '아' 다르고 '어' 다르다고.

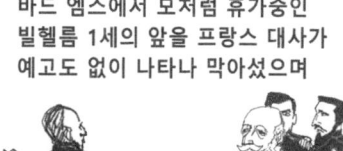

여기서 **adjutant**라는 단어가 교묘했다. 공식부관을 가리킬 수도 있지만 잡심부름하는 시종 정도로 해석될 수도 있었다.

비스마르크가 저의를 가지고 묘하게 비튼 보도자료를 프랑스 신문들이 프랑스인들의 분노를 최대한 자극하는 방향으로 한 번 더 비틀어주었다.

이 사건이 보도된 날은 마침 프랑스 대혁명 기념일이었다. **(Quatorze Juillet)** 빠리에서는 오페라극장의 막이 내린 후 관객들이 모두 일어서서 라 마르세이예즈를 불렀다고 한다.

시민들이여 무기를 들어라.
Aux armes, citoyens

전투대형을 갖춰라.
Formez vos bataillons

전진하라! 전진하라!
Marchons! Marchons!

빠리와 베를린에서 살벌한 구호가 넘쳐났다.

Chapter3. 비스마르크의 덫

먼저 선전포고를 한 쪽은 프랑스였다.
1870년 7월 19일의 일이다.

"이로써 명분은 갖춰졌군."

프러시아도 전쟁을 결의했고 프러시아 연방에 아직 편입되지 않고 남아있던 바바리아, 뷔템베르그, 헤쎄, 바덴 등이 적극적으로 합세했다. 비스마르크가 기대했던 대로였다.

비스마르크가 독일의 통일을 앞당기려고 프랑스와의 전쟁을 이용했다는 것이 대체적인 정설이다.

뚜껑을 열어놓고 보니 우열은 곧 드러났다.
프랑스는 제대로 전쟁을 치룰 준비가 부족한 상태였다.
전쟁에 대비해서 작전계획이란 것을 만들어 놓는다.
전쟁이란 불확실한 상황에서 방대한 병력과 물자가 동원되는 복잡한 게임이다.
그래서 이 작전계획이라는 시나리오에 맞춰서 실제상황에서 생길 혼란과 모순을 미리 보완해두는 훈련을 수십번씩 되풀이 하는 것이다.

.
.
.

그런데

놀랍게도 프랑스군은 방어전에 대비한 작전계획만을 가지고 있었다고 한다.
공격 시나리오도 없이 베를린 점령을 장담하고 있었던거다.

"우리 프랑스군 특유의 정신(elan)으로 베를린을 한 달 안에 함락시킨다."

반면에 프로이센의 톱니바퀴는
정확하게 돌아갔다.
병력 동원을 프랑스군의 예상보다
훨씬 앞당겨 마치고 전선에 쏟아
부었다.

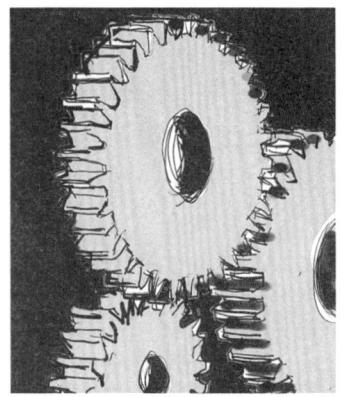

가장 큰 차이는 포병화력이었다. 프러시아군은 포신의 뒤에서
포탄을 장전하는 요즈음과 같은 방식의 포를 보유한 반면,

프랑스군은 포구에서 탄약을 장전하는 구식을 쓰고 있었다.
정확도, 발사속도, 사거리에서 현저한 차이가 있었다.

스당(Sedan)이라는 도시가 있다.
빠리에서 북동쪽으로 211km 떨어진
이곳에서 전투가 벌어진 것은
1870년 9월 1일이었다.

벨기에
스당 룩셈부르그
프러시아
빠리

전투지역에서 3km도 떨어지지 않은 언덕 위에서
빌헬름 1세, 비스마르크, 몰트케를 포함한
프러시아 지휘부가 외국 관전무관들과 함께
전투의 진행을 지켜보고 있었다.

당시에는 제3국의 장교를 초청하여 함께
전투를 관전하는 풍습이 있었다. 이들은
본국에 돌아가 관전평과 개선점 같은 것을
보고하였다.

Chapter3. 비스마르크의 덫

스당전투에서 프랑스의 항복을 처음 발견한 것은 몰트케였다고 한다

프랑스 진지에서 백기를 올린 것 같은데요.

잠시후 전령이 달려와 프랑스군의 항복과 함께 믿을 수 없는 사실을 보고했다.

뭐? 나폴레옹 3세도 현장에 있었다고?

셰리단은 인디언과의 전투, 남북전쟁을 거친 유명한 미국의 기병대장이다.

Philip Sheridan (1831~1888)

워싱턴 D.C.에 가면 이런 멋진 그의 기마상이 있는데 당시 관전무관으로 현장에 있던 그가 이런 기록을 남겨놓았다.

그날 숙소로 철수하는 길에 동행하던 비스마르크의 조카가 프랑스산 브랜디를 꺼냈다.

삼촌, 이거 비싼건데 한잔 하실래요?

좋~지

"그(비스마르크)는 옆에 있던 내(셰리단)가 들으라는 듯 외치고 병째로 들이켰다." 여기서 '내가 들으라는 듯'이라고 한 것은 영어로 말했기 때문이다.

Here's to the unification of Germany!

삼촌, 하나도 안 남았잖아요!

미안, 어두워서 안보였어.

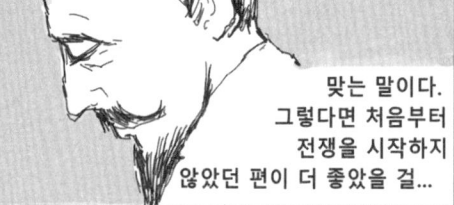

Chapter3. 비스마르크의 덫

전쟁이 완전히 끝날 때까지 나폴레옹 3세는
포로의 신분으로 프러시아의 보호를 받기로 했다.
전선을 떠나는 나폴레옹 3세를 비스마르크는
깍듯이 예우했다.

비스마르크는 감정이 북받쳤다.
이걸로 전쟁은 끝났다고 생각했다.

이렇게 하나의 왕조가 끝나는군.

그런데...
그게 아니었다.

그 주 일요일 9월 18일, 빠리에서는
제2제정이 폐지되고 제3공화국이
선포되었는데,

제2제정
(1852~1870)

제3공화국
(1870~1940)

프랑스-프러시아 전쟁

누가 프랑스를 통치하든 상관없어.
우리가 이겼고 전쟁은 끝난거야.

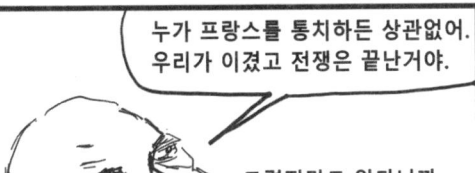

그렇지만도 않다니까.
프랑스는 독일과 달라요.

이때 프러시아군은 빠리의 턱 밑인 베르사이유까지
진격해 캠프를 치고 있었다.

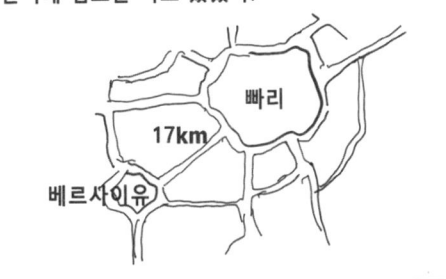

빠리
17km
베르사이유

Chapter3. 비스마르크의 덫

알자스는 전쟁의 승패에 따라 프랑스와 독일이 번갈아 지배해오던 곳이다. 프랑스어와 독일어가 함께 쓰였다. 이 점이 나중에 이야기하게 될 드레퓌스 사건에서 중요한 역할을 하게된다.

알퐁스 도데. 그가 쓴 '별'과 같은 작품은 정말 아름답다. 하지만 정치적으로는 극우 쇼비니스트에 반유태주의자였다.

그가 쓴 '마지막 수업'에 프로이사가 알자스를 점령 후 프랑스어 수업을 중단시키는 장면이 나온다.

Alphonse Daudet (1840~1897)

마지막 종이 울리자 하멜선생님은 목이 메어버려 말을 이을 수 없었다.

그래서 칠판 쪽으로 돌아서서 분필을 손에 쥐더니 있는 힘을 다해서 칠판에 눌러쓰기 시작했다.

그 후 선생님은 그대로 벽에 머리를 기대고 있었다. 그리고 우리에게 손짓을 하였다.

여러분, 나는, 나는...

프랑스 만세
Vive la France

이것으로 끝났습니다. 돌아가세요.

이것이 프랑스인들의 감정이었다.

힘겨운 전쟁배상금보다도 알자스라는 영토를 빼앗긴 사실은 프랑스인들의 가슴에서 지워지지 않았다.

땅이 바로 민족인 것이다.

어쨌던 포브르는 어깨가 축쳐져서 돌아갔다. 이도 갈았겠지.

프러시아 측에서는 포브르가 재협상 조건을
가지고 다시 올 줄 알았다고 한다.
그러나 그는 재협상 대신 비스마르크와의
회담 내용을 신문에 알렸다.
분노한 프랑스 국민들은 게릴라전에 돌입했다.

민간인들이 프러시아군을 습격하고 프러시아군은
민간인을 공격했다.

그 유명한 레지스땅스다.

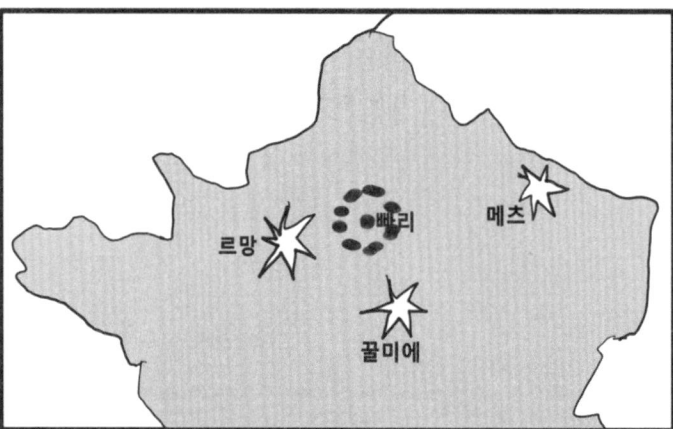

정규군들도 전투를 멈추지 않았다.
빠리는 프러시아군에 의해 완전히
포위되었지만 지방의 곳곳에서
전투는 계속되었다.

황제는 항복했어도 프랑스인들은
패배를 받아들이기를 거부했다.

레옹 감베타 같은 정치가는 열기구를 타고
포위된 빠리를 탈출하여 지방에서 모병을
하기도 한다.

이 기간에 수많은 젊은이들이
목숨을 잃었다.
젊은 목숨 어느 한 사람인들
아깝지 않으랴만
그 중에서 한 젊은이를
기억하고자 한다.

프레데릭 바지유
(1841~1870)

Chapter3. 비스마르크의 덫

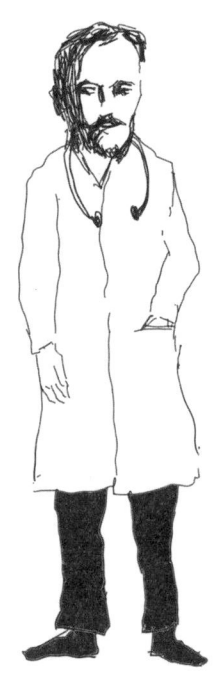

바지유는 와인 농장을 하는 부유한 가정에서 태어났다.
그는 화가가 되고 싶어했으나 부모는 그가 의사가 되기를 바랐다.
의대에 진학하는 조건으로 그림 그리는 것을 허락했다.

빠리에서 의대를 다니면서 르노와르, 모네, 시슬리 등과 어울렸다. 바지유는 널찍한 작업실을 빌려서 이들 가난뱅이 화가들이 함께 쓸 수 있도록 했다. 물론 공짜로. 바지유 주변의 화가들 중에 그의 신세를 지지 않은 사람이 없었다.

특히 끌로드 모네의 궁상은 대단했다. 그는 만년에 수련 시리즈로 유명한 지베르니의 정원을 가꿀 때 까지도 궁상을 떨었다.

그런 모네를 위해 바지유는 당시 무명작가이던 모네의 그림을 턱도 없는 가격에 사주기도 했다.

"2,500프랑에 사지. 그 대신 나도 목돈은 없으니까 매월 50프랑씩 지불할게."

대문호 에밀 졸라는 마네와 프로방스 고향 친구이다.
함께 어울렸던 바지유를 만년에 이렇게 회상한다.

"우아한 태도에 영혼이 맑은 순수한 젊은이였지."

1870년 8월에 입대한 바지유는 석달 후 본느 라 롤랑드 전투에서 두발의 총탄을 맞고 전사했다.
스물아홉번째 생일을 일주일 남긴 날이었다.

그의 아버지가 아들이 전사한 전쟁터에 직접 가서 시체를 수습해서는 고향 몽뻴리에에 묻었다고 한다.

바지유가 생전에 남긴 그림들에서 아직 본격적인 인상파의 화풍이 보이지는 않는다.
하지만 이 젊은이가 전쟁에서 살아 남았더라면 마네, 모네, 르노와르, 피사로, 모리소와 함께 인상주의 화가로 이름을 남겼으리라.

그러니 빠리에 여행을 가서 오르쎄 미술관 같은 곳에서 그의 그림을 마주치게 된다면 1분 정도는 묵념을 하자.
평화와 예술과 너그럽고 베풀기 좋아했던 한 젊은 화가를 위해서.

Chapter3. 비스마르크의 덫

전쟁이 질질 끄는 동안 프러시아는 베르사이유를
차지하고 지휘본부로 사용하였다.
장교들은 궁 안의 화려한 방들을 사용하였고
병사들에게는 주위의 민가를 나눠주었다.

남부 4개주의 대사들이
모여 독일 통일의 논의도
여기서 진행되었고,

1871년 1월 18일 프랑스의
태양왕 루이 14세가 자랑하던
베르사이유 궁전에서도 제일
화려하다는 거울의 방에서
통일된 독일제국의
황제 대관식이 열렸다.

이렇게 이야기하니
베르사이유에서 모든 일들이
독일에게 일사천리로 풀린
것 같지만
실상은 그 반대였다고 한다.

Chapter3. 비스마르크의 덫

황제 대관식에서 퇴장하면서 도열한 고위인사들과 한 사람씩 악수를 했는데 비스마르크와는 악수를 나누지 않고 지나쳤다지.

빌헬름 1세 뒤끝 있다.

하지만 며칠 후 빠리로부터 정전협상을 다시 시작하자는 전갈이 오자 황제는 비스마르크에게 전권을 주었다. 협상의 혼란을 막기 위해서 문민 총리와 군대를 움직이는 참모총장의 서열을 확실히 정리할 필요가 있다고 판단했을 것이다.

그는 현명한 군주였다. 아마 빌헬름 1세가 왕이 아니었더라도 유능한 관료가 되었을 것이다.

그는 군주에게 가장 중요한 덕목, 주위의 사람들 중 현명한 사람을 알아보고 거슬리는 이야기도 듣고 소화할 수 있는 능력을 가진 군주였다.

그런 점에서 그런 능력을 갖지 못한 손자 빌헬름 2세가 자기를 과신하여 1차 세계대전을 일으킨 것과는 비교가 된다.

오랜 후의 일이지만 1888년 빌헬름 1세가 아흔 살에 죽자 비스마르크는 울음이 복받쳐 추도사를 하지 못하였다고 한다.

그는 인기가 많아 독일 전역에 400여개의 동상이 세워져 있는데 동상에는 그가 비스마르크와 싸우다 양보한 **Deutscher Kaiser**가 새겨져 있다.

제정을 폐지하고 제3공화정을 선언한 프랑스는 국회를 구성하고 정부를 수립했는데 빠리가 아닌 보르도에서였다.
보르도라면 지금도 포도주로 유명한 그곳.
빠리에서는 600km 정도.
서울, 부산보다도 더 떨어진 곳이다.

정치가들은 해안도시인 보르도에 있어야 외국 정부들과 외교적 접촉이 가능하기 때문이라고 발표했지만 빠리의 서민들이 보기에는 도망간 겁쟁이들로 비쳤을거다. 독일에 포위된 빠리의 사정이 어려워지고 있을 때였다.

"잘난 놈들은 죄다 빠리를 뜨는군."

보르도 국회에서 임시행정수반을 선출했는데 바로 아돌피 띠에르이다.
이때 띠에르의 나이가 일흔세 살, 이미 수상을 세번이나 지낸 바 있는 베테랑 정치가였다.

Adolphe Thiers (1797~1877)

그는 키가 작은 땅딸막한 체격에다가 프로방스 사투리가 심하여 정치가로서 핸디캡을 갖고 있었으나 허스키한 목소리로 열변을 토해내는 대단한 웅변가였다.

그의 아버지는 브로커였는데 유력인사의 끈을 잡아 큰 돈을 벌기도 했지만 감옥에 들락거리며 집에는 들어오지도 않아 띠에르는 아버지 없이 자수성가했다.
어른이 된 그에게 아버지가 돈을 꾸어달라고 찾아오자 쫓아내버렸다.

"나는 당신을 아버지로 생각해본 적이 없습니다."

Chapter3. 비스마르크의 덫

정치가로서 아돌피 띠에르의 성향은 딱 두가지로 요약할 수 있다.
첫째, 그는 열렬한 공화주의자였다.
나폴레옹 보나파르트를 혁명가로서 추종했지만 그가 황제에 즉위하자 등을 돌렸다.
1830년의 7월혁명, 1848년의 2월혁명 모두 공화주의자 편에서 싸웠다.

당연히 또다시 제정시대를 연 나폴레옹 3세와는 천적 사이였고 그가 벌이는 프러시아와의 전쟁에 반대했다.
적어도 그는 철새 정치가는 아니었다.

둘째, 띠에르는 자본주의의 신봉자로서 부르조아의 이익을 철저히 대변했다.
띠에르에게 추방명령을 받은 적 있는 마르크스는 이를 갈면서 이렇게 띠에르를 평가한 적이 있다.

그 자는 부르조아의 죄악을 상징하는 괴물이다.
평생을 부에 대한 탐욕으로 살았지만 정작 그 부를 생산하는 인간에 대한 애정은 눈꼽 만큼도 없다.

보바리부인의 작가 플로베르는 거창하게 치러진 1877년 띠에르의 장례식에서 칭찬인지 욕인지 모를 헌사를 남겼다.

자본주의의 괴수인 그들 좋아하지는 않지만 한가지 사실만은 부인할 수 없다. 그는 확실히 애국자였다.

여담 하나 하고 지나가자.

띠에르는 공식석상에 항상 두 여자를 동반하고 다니며 '나의 여인들'이라고 소개하곤 했는데 하나는 부인이었고 또 한 여자는 장모였다.

다행히 정설은 아니고 정적들이 퍼뜨린 낭설일 가능성이 많다. 더구나 띠에르의 장인은 평생 정치자금을 댄 돈줄이었다.

지나가는 이야기였고...
공식적인 대표권을 가진 띠에르가 비스마르크와 마주 앉자 정전협상은 빠르게 진척이 되었다. 포브르 때와 달리 비스마르크는 띠에르를 존중해주었다고 한다.

그러나 정전 조건은 가혹했다.

알자스와 북부로렌을
독일제국에 떼어주고,

국경의 요충지 메츠와 벨포르에
독일군이 주둔하고,

전쟁배상금으로 50억프랑을 5년내에
지급할 것.

당시 프랑스 국가예산 2년반에
해당되는 금액이었단다.

배상금을 완납해야 독일군이
프랑스를 완전히 떠난다.

여기까진 다시 전쟁을
일으키기 어렵도록
프랑스의 힘을 빼놓겠다는
의도였는데 마지막 조건은
다분히 감정적인 것이었다.

빠리의 개선문에서
사흘 동안 독일군이
승전 퍼레이드를
하겠다.

독일군 선발대는 빠리에
입성을 했지만 황제와
장군들이 참가하는
퍼레이드의 클라이맥스는
벌어지지 못했다.

시간끌기가 특기이던
프랑스 의회가
초스피드로 정전 승인을
진행했기 때문이다.

좋소,
하지만 보르도 의회가 정전을
승인하는 즉시 빠리에서
나가는 조건이오!

비스마르크,
지난 10년 동안 세번의 전쟁에서
덴마크, 오스트리아, 프랑스를 모두
물리쳤다.
무엇보다도 뚝심으로 조국 프러시아를
중심으로 독일을 통일하고
주군을 황제의 자리에
올렸다.

이후로도 20년 가까운 세월 동안
권력의 자리에 머무르지만 돌이켜보면
이때가 정치가 비스마르크의 절정기였다.

며칠 후 베를린의 개선식에서 그는
왕자 칭호와 함께 광대한 영토와
최고 훈장을 받는다.

빌헬름 1세, 프레데릭 3세, 빌헬름 2세의
3대를 보좌했으나 빌헬름 1세만큼
현명하고 귀를 기울여주는 보스는
없었다.
비스마르크는 죽을 때까지
빌헬름 1세를 그리워하며
그만 못한 후대를
안타까워했다.

빌헬름 1세

아들 프레데릭3세

손자 빌헬름 2세

만년의 그는 많은 질병에 시달렸다.
무엇보다도 샴페인을 너무 좋아했고 식탐을
자제하지 못해 체중이 114kg까지 나갔다.

Chapter3. 비스마르크의 덫

비스마르크는 프랑스 의회가 정전을 승인한 3월 2일, 평복 차림으로 빠리에 들어갔다.

아직 쌀쌀했지만 마로니에 새눈이 돋고 있었을 것이다.

이날 자기가 패배시킨 빠리의 거리를 걸으면서 비스마르크는 어쩐지 쓸쓸한 느낌이 들었다.

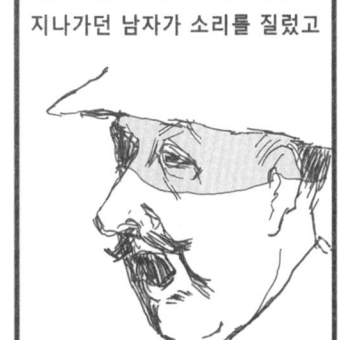

지나가던 남자가 소리를 질렀고

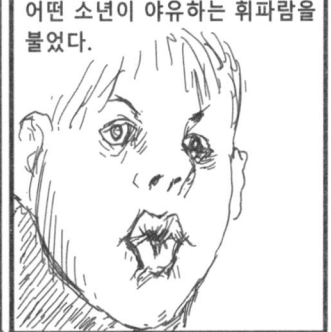

어떤 소년이 야유하는 휘파람을 불었다.

비스마르크라는 건 몰랐을거고 단지 잘 차려입은 어떤 독일인을 겁주고 싶었을 것이다.

그들은 이 사내가 쓸쓸히 사라져 가는 것을 지켜보았다.

이것이 비스마르크에게는 마지막 빠리 산책이 되었다.

이후 27년의 여생동안 다시는 빠리에 돌아오지 못했다.

아듀, 빠리...

Chapter 4

끔찍한 한 해 빠리 꼬뮌

죄많은 피에 더럽혀지고
순결한 피에 씻기운
포석에 세운 바리케이드 위에
열두 살 소년이 잡혀있었다.
-빅또르 위고, '바리케이드 위에서'
(시집 '끔찍한 해'에서)

이제 빠리꼬뮌을 이야기할 때가 되었다.
빠리의 유쾌한 관광지들이 감추고 있는
이야기인 만큼 의외로 우리에게 잘 알려져
있지 않다.

이렇게 상상해보자.
우리나라의 5.18 광주항쟁 같은 사건이
훨씬 큰 규모로, 훨씬 오랜 기간동안,
그것도 수도 한복판에서 벌어졌다면
그 사건은 역사에서 어떤 의미를 갖게
될까?

정치적 성향에 따라
어떤 이는 어깨를 으쓱하고,

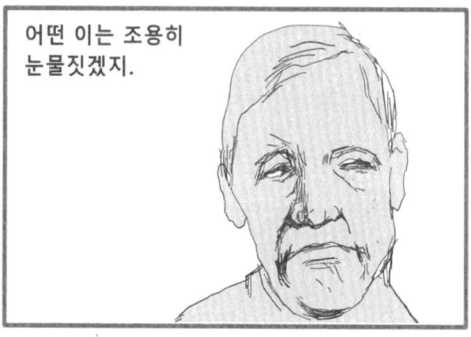

어떤 이는 조용히
눈물짓겠지.

150년이 흐른 지금도 빠리의 공동묘지
뻬르 라셰즈에 있는 꼬뮌전사의 무덤에는
빠리지앵들이 놓고간 꽃들이 끊기지
않는다.

묘비명은 너무도 단순하여 아무런 미사여구도
없다.

꼬뮌의 주검들을 위하여
1871년 5월 21일~28일

이 날짜는 빠리꼬뮌의 마지막 일주일
'피의 일주일'을 뜻한다.

 Chapter4. 끔찍한 한 해

빠리꼬뮌 이야기를 본격적으로 하기 전에 빠리라는 도시의 동서남북을 알 필요가 있다.
이야기를 쉽게 따라가기 위한 곁가지이니 빠리를 자주 방문해봐서 지리를 잘 알고있다면 건너뛰어도
무방하겠다.

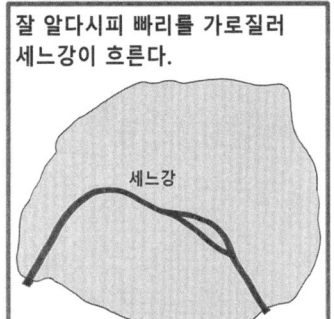
잘 알다시피 빠리를 가로질러 세느강이 흐른다.

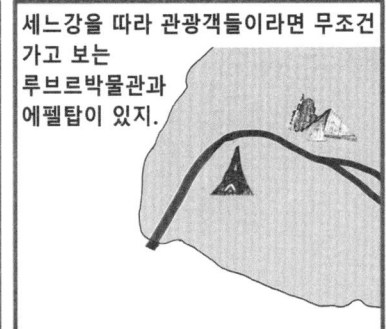
세느강을 따라 관광객들이라면 무조건 가고 보는 루브르박물관과 에펠탑이 있지.

빠리꼬뮌의 시대에 에펠탑은 아직 없었고

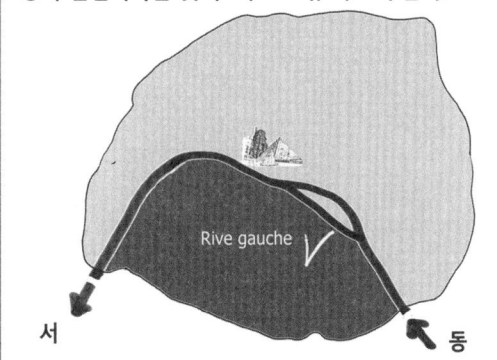
세느강은 동쪽에서 흘러 들어와 서쪽으로 빠져나간다. 흐르는 강의 입장에서 볼때 강의 왼쪽이 강의 남쪽이 되겠지. 그래서 세느강의 남쪽에 있는 빠리를 강의 왼편이라는 뜻의 '리브 고슈'라고 부른다.

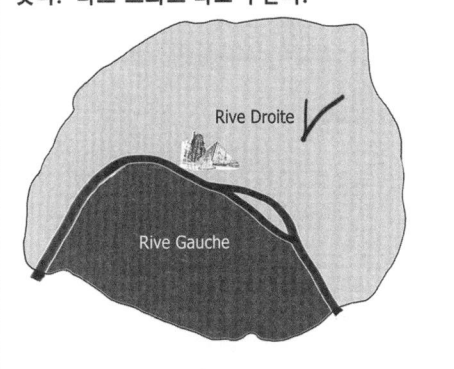
그렇다면 강북은 강의 오른편이라고 부르겠지? 맞다. '리브 드롸뜨'라고 부른다.

리브고슈에 예술가들이 모여 살던 몽빠르나스가 있다면 리브드롸뜨에는 원조 예술가 마을 몽마르트르가 있다. 예술가들은 산동네에 주로 살았던 모양이다. 몽(Mont)은 산, 언덕이란 뜻이니까. 몽마르트르 꼭대기에 싸크레꿰르성당이 있어 빠리를 내려보고 있는데 몽마르트르는 빠리꼬뮌의 중요한 무대가 된다.

리브고슈(강남)에는 라뗑지역(Quartier Latin)이나 지금은 빠리대학이 된 소르본느 같은 학생들의 지역이 있고 리브드롸뜨(강북)에는 개선문과 거기에서 이어지는 샹젤리제 대로가 있다.

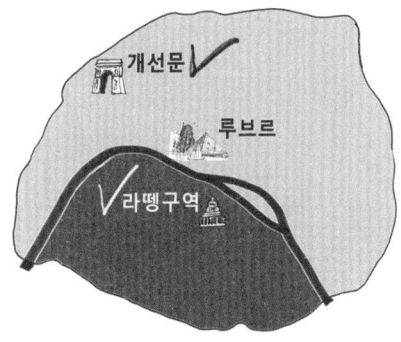

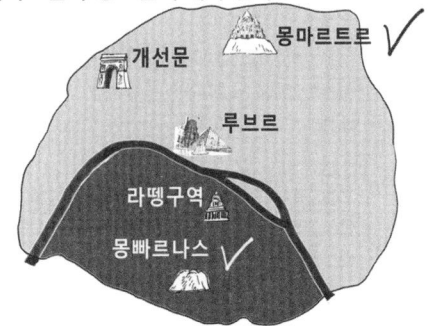

**Baron Haussmann
(1809~1891)**

오늘날 빠리의 모습은 나폴레옹 3세 시절인 1850~60년대에 빠리 시장을 했던 오쓰만 남작의 작품이라고 한다. 맞는 말이긴 하지만 사실 그 이전부터 빠리는 도시공학이라는 개념을 적용한 최초의 계획도시였다.
소설 레미제라블에서 장발장의 도주 장면으로 유명해진 하수로 시스템도 이미 14세기부터 건설되기 시작한 것이고 세느강을 중심으로 발달한 도로망들도 오래 전 부터 인위적으로 설계된 것들이다.

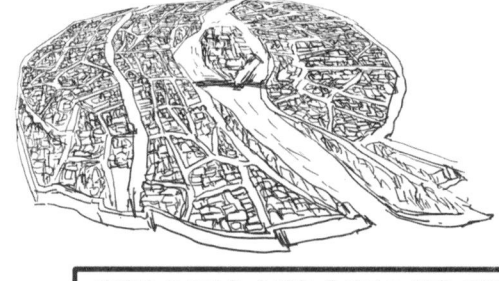

어쨌던 오쓰만은 슬럼을 몰아내고 길을 널찍하고 반듯하게 폈다. 지긋지긋한 데모대의 바리케이드를 막으려 한 것이라는 설도 있지만.

반면에 런던 같은 경우는 자연발생적으로 생긴 마찻길이 그대로 도로로 굳어져 런던에 오래 산 사람들도 시내의 대로만 벗어나면 길을 헤매는 경우가 많다.

영화 레미제라블을 보면 주위 집들에서 가구를 던져 골목을 막아 바리케이드를 만드는 장면이 나오지.

마지막으로 아롱디쓰망(Arrondissment)에 대해서 좀 알 필요가 있겠다.
우리의 구 정도에 해당하는 행정구역인데 따로 이름을 붙이지 않고
중심의 1구부터 가장자리의 20구까지 시계방향으로 뱅뱅 돌아나가는 식으로 번호를 붙였다.

이렇게,

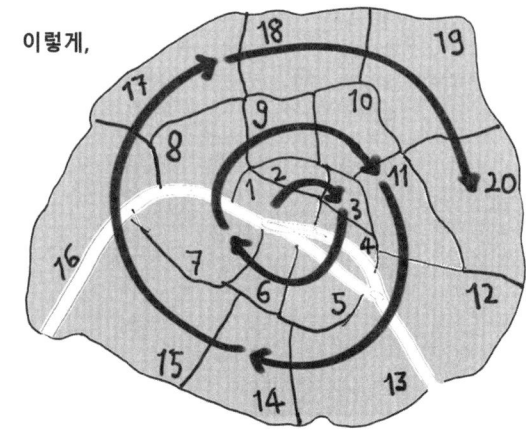

Chapter4. 끔찍한 한 해

아롱디쓰망의 번호를 붙이는 방법이 원래부터
이랬던건 아니고 1859년 12개구를 20개로
늘리면서 채택한 방법이다.
지금도 그런 면이 남아있지만 당시에는
확연하게 아롱디쓰망 별로
잘 사는 동네와 가난한 동네를 짐작할 수
있었는데,

빠리를 확장하면서 편입된 아롱디쓰망 가운데
18, 19, 20구에는 노동자와 시내의 슬럼에서 쫓겨난
하층민들이 밀집하게 되었다.
빠리꼬뮌에서 이 3개의 아롱디쓰망이 중심적 역할을
하게된 배경이다.
몽마르트르와 벨비유 같은 동네가 바로 이 지역이다.

우리나라에서 빠리로 갈 때 빠리에서 북동쪽으로
30km 남짓 떨어진 샤를드골 공항에 내리게 되는데
빠리로 들어올 때 뻬리페리끄라고 부르는
순환도로에 일단 진입하여 시내의 목적지에
가까운 데서 빠져 들어가게 된다.

이렇게 공항에서 빠리 시내로 들어갈 때
거치게 되는 오늘날의 뻬리페리끄가
바로 빠리의 경계이다.

1870년 당시에 프러시아군이
빠리를 봉쇄했을 때 봉쇄선이
이 도로였다고 보면 되겠다.

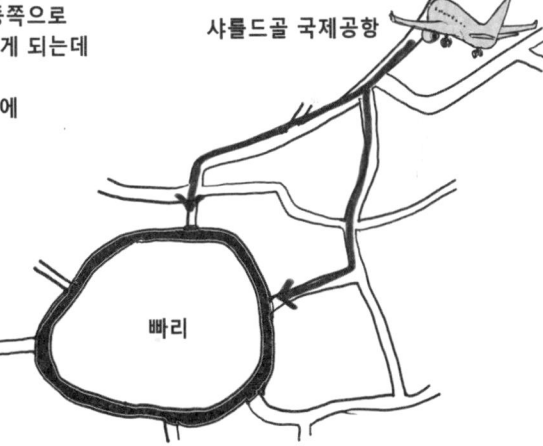

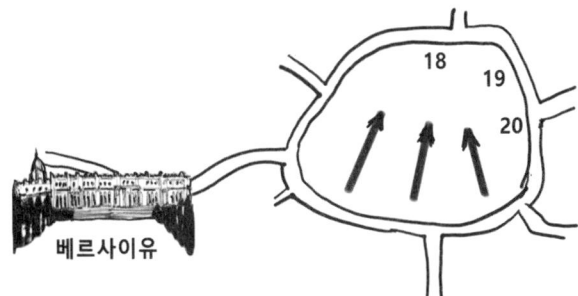

빠리에서 남서쪽으로 17km 정도 떨어진 곳에
부르봉의 왕궁으로 유명한 베르사이유가 있고
프러시아군이 여기에 지휘부를 차렸고
빌헬름 1세의 독일 황제 대관식도 여기서
벌어졌다는 것은 이미 이야기 했다.
나중엔 프랑스의 띠에르 정부도 이리로
도피했다.

그러다 보니 빠리꼬뮌을 공격하는 프랑스
정부군의 공격 방향도 남쪽에서 북쪽으로
형성되었다.

Chapter4. 끔찍한 한 해

찬 바람이 불기 시작하자 빠리의 가로수들이 잘려나갔다.
그리고 부유한 시민들부터 빠리를 빠져나가고 있었다.

당시 프랑스의 농촌은 왕정을
지지하고 전통적 카톨릭 신심이
깊어 보수적 색깔이 짙었으나
빠리를 비롯한 대도시들은
반카톨릭, 진보파의 텃밭이었다.

우리나라의 1960~70년대의
여촌야도 같은 현상이었지.

띠에르는 공화주의자이나 보수주의자이다.
그는 기득권층인 부르조아들과 왕당파를
끌어안고 이들의 이익을 수호하기 위하여
질서와 국가기강을 회복하는데 정책의
촛점을 두고 있었다.

이런 띠에르를 도시 노동자들은 철저한
부르조아의 앞잡이라고 여겨 애당초 신뢰하지
않았다.

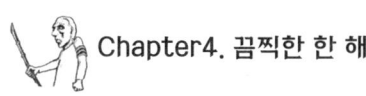

Chapter4. 끔찍한 한 해

147

이런 분위기는 사회주의자나 무정부주의자 같은 프로페셔널 선동가들에게 좋은 무대가 되어주었다. 시위는 점점 더 빈번하고 과격해졌다.

거기에 독일에 항복하면서 내주게 된 영토와 배상금 조건을 전해듣고 빠리의 노동자들은 분노했다.

띠에르 정부는 매국, 반동집단이다. 우리 스스로의 정부를 세워야 한다!

우리 스스로의 정부라... 꼬뮌의 씨앗이 뿌려지고 있었다.

포위된 빠리의 최고 군사책임자는 트로슈 장군이었다.

루이 쥘르 트로슈
(1815~1896)

그의 휘하에는 정규군보다 국민방위군이 훨씬 많아 집합하면 총을 든 이도 있었지만 이렇게 삽을 들고 나타나기도 했다.

정규군이 10만 남짓, 국민방위군이 30만이 넘었단다.

오쓰만 남작이 빠리 시내를 정비하면서 시내 곳곳에 흩어져 있던 빈민촌을 밀어버린 것은 이야기 했다. 이곳에 살던 빈민들이 싼 주거를 찾아 옮긴 곳이 북쪽의 18, 19, 20구. 이렇게 형성된 빈민 밀집지역은 빠리꼬뮌의 도화선이 된다.

오쓰만 자신은 빠리 개조사업을 벌일 때 이런 인과관계가 생기리라고는 생각도 못했겠지만.

역사에서 여건이 무르익었어도 발단이 될 조그만 불씨가 필요하다고 했다.
몽마르트르는 언덕 위(Butte Montmartre)와 기슭(Bas Montmartre)으로 나누어 부르는데 위는 빈민주거지, 기슭은 술집, 매춘굴 같은 환락가가 몰려있었다. 여기에 물랭루즈가 생긴것 역시 시간이 흐른 뒤의 일이지만.

불씨가 일어난 곳은 몽마르트르 꼭대기였다. 지금은 빛나는 흰색의 사크레꿰르 성당이 세워져 있는 그곳.

이 성당의 기구한 사연에 대해서는 나중에 이야기 하기로 하고 지금은 빠리꼬뮌의 발단에 집중하자.

 Chapter4. 끔찍한 한 해

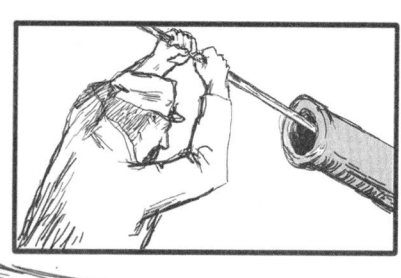

문제의 발단은 이 대포에서 시작되었다.
포구에서 포탄을 장전하느라 효율이 떨어지고
철이 아닌 청동으로 만들어져 사거리도 짧고
쉽게 포신이 손상되는,
전쟁 내내 애물단지였던 이 구식 대포.

1871년 3월 17일, 정전협정이
체결된지 얼마 안된 때이다.
띠에르가 이런 명령을 내렸다.

민간인들이
탈취해간 대포를
압수해 오시오.

이게 무슨 대포인가 하면, 빠리에 대포가 400문 정도
남아있었는데 방위군들이 북쪽의 고지대로 옮겨놓은
것이다. 지형적으로 더 유리하다고 판단했겠지만
문제는 정식 지휘체계를 거친 조치가 아니라는 것.

아직 정규군 병력이 충분치 않으니
독일에 포로로 잡혀간 병력이
돌아오면 하는 게 좋겠습니다.

국방장관
르 플로 장군

매사가 그런 식이니 나라의
기강이 이 모양인거요.
내일 아침 당장
실시하시오!

하지만 몽마르트르 언덕을 오르며 대포를 끌고 올 때 이들의 생각은 달랐다.

전쟁 전에 대포를 늘린다고 성금을 걷은 적이 있었기 때문에 주민들은 대포가 자신들 모두의 소유물이라는 생각이 강했다.

없는 살림에 독일놈들 때려부시라고 탈탈 털어서 기부했더니

무능한 반동정부 손에 우리껄 맡겨둘 수는 없지.

끌로드 르꽁뜨
(1817~1871)

18, 19, 20 아롱디쓰망의 방위군이 가지고 간 400문의 대포 중 200문 정도가 몽마르트르 언덕 꼭대기에 배치되어 있었다.

3월 18일 이른 아침, 르꽁뜨 장군의 부대가 몽마르트르의 방위군을 제압하고 대포들을 확보했다.

이 과정에서 방위군 한 명이 사살되었다고도 하고 별다른 저항이 없었다고도 하고 상황이 확실치 않은데,
문제는 그 다음에 발생했다.

Chapter4. 끔찍한 한 해

200문이나 되는 대포를 끌고 내려가려면 말이 있어야지. 군사작전이란게 별게 아니다. 앞뒤가 맞아야 하는데 당시 프랑스군에는 확실히 치밀함이란게 부족했던 듯 하다.

말을 기다리는 사이 주민과 방위군들이 소문을 듣고 하나 둘 모이기 시작했다.
.
.
.
.
.
급기야,

앞을 봐도 둥

뒤를 봐도 두둥

르꽁뜨의 부대는 몽마르뜨르 주민과 방위군들에게 포위되었다.

Chapter4. 끔찍한 한 해

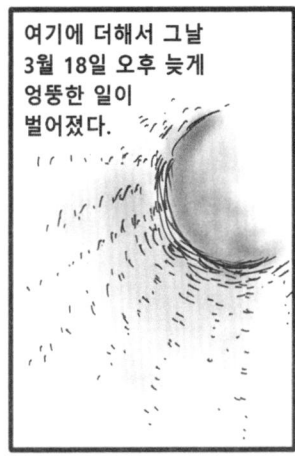

여기에 더해서 그날 3월 18일 오후 늦게 엉뚱한 일이 벌어졌다.

끌레망 또마라는 장군이 있었는데 엄격한 원칙주의자로 소문난 자다.

끌레망 또마 (1809~1871)

독일군이 빠리를 봉쇄한 동안 쥐고기, 개고기까지 먹어야 했던 사정은 이야기한 바 있다.

이런 상황에서 국민방위군 같은 부대에 질서가 있었겠나? 먼저 식량을 배급 받겠다고 새치기도 하고 그랬겠지.
괄괄한 원칙주의자인 또마 장군은 이 꼴을 못봤다.

사병들을 가혹하게 대했다.

귀관은 프랑스 군대의 수치다!

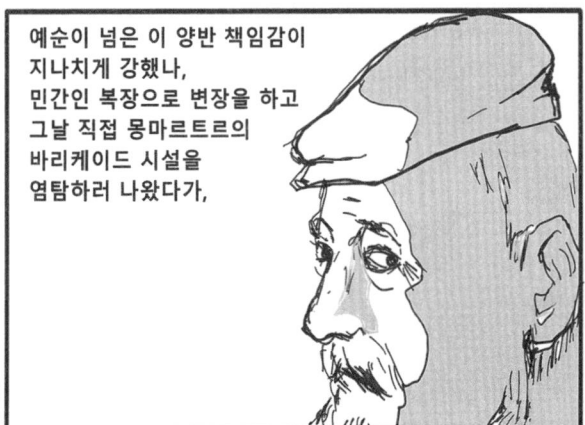

예순이 넘은 이 양반 책임감이 지나치게 강했나, 민간인 복장으로 변장을 하고 그날 직접 몽마르트르의 바리케이드 시설을 염탐하러 나왔다가,

얼굴을 알아본 방위군 병사들에게 붙잡히고 말았다.

악질 끌레망 또마다!

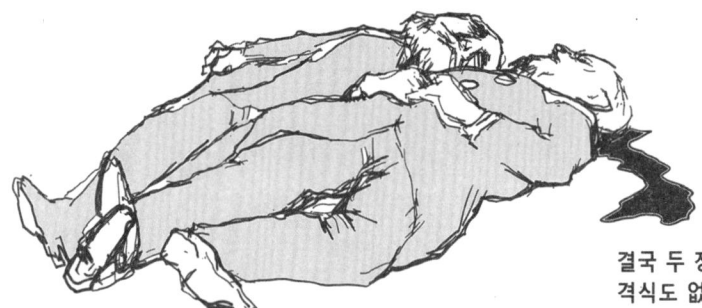

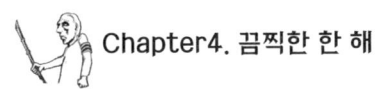 Chapter4. 끔찍한 한 해

격식을 갖추지 않은 총살형이라고 하는 것은
나중에 이루어진 부검 결과에 의한 것이다.
또마 장군의 시신에 40발,
르꽁뜨 장군의 시신에 9발의 총알이
박혀있었다고 한다.

빠리꼬뮌은 두 장군을 사살한 총성으로
시작되었다.

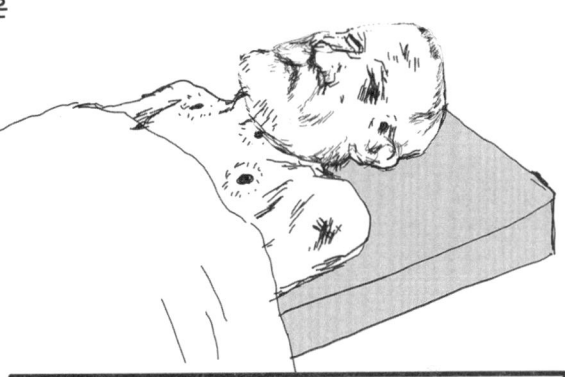

피를 묻히고 흥분한 방위군들은 띠에르 정부의
인사들을 찾아 빠리를 뒤지기 시작했다.

띠에르 정부는
저기 숨어 있단다!

Hotel de Ville
(오뗄 드 비유)는
호텔이 아니다.
시청이다.
프랑스에 가보니
어느 도시에나
이정표가 있어서
대단히 큰
호텔 체인인 줄
알았다는 이들도
있더라만.

군중들은 빠리시청으로 몰려갔지만
띠에르와 장관들을
찾지 못했다.

띠에르
나와라!

매국노들!

부르조아의
앞잡이!

띠에르 정부는 멀지않은 외무부 건물에 모여있었다고 한다. 띠에르는 난동에서 탈출하여 즉시 정부를 베르사이유로 옮겼다.
베르사이유여, 네 팔자 기구하다, 부르봉의 본거지에서 독일 황제의 대관식에 쓰였다가 제3공화국의 피난정부로...

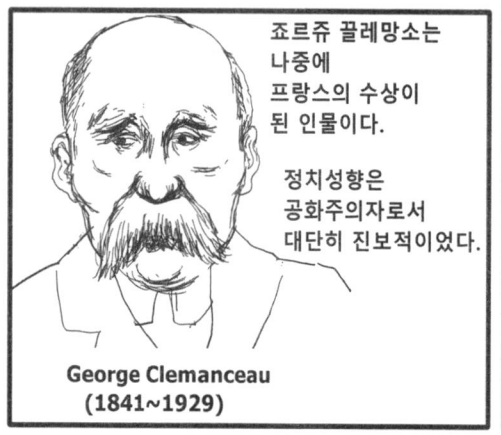

죠르쥬 끌레망소는 나중에 프랑스의 수상이 된 인물이다.

정치성향은 공화주의자로서 대단히 진보적이었다.

George Clemanceau (1841~1929)

그는 의사였는데 몽마르트르에서 병원을 개업하고 있다가 1871년 당시에는 몽마르트르 구청장으로 선출되어 있었다.

또마와 르꽁뜨 장군이 사살될 때 방위군과 띠에르 정부 사이에서 협상을 해보려고 시도하기도 했었다.

(끌레망소 턱선 살아있을 때)

Louis Blanqui (1805~1881)

하지만 꼬뮌은 공화국 수립후 선출된 직책을 인정하지 않았다. 다시 투표를 실시하여 소위 민중의 정부를 만들어 3월 28일 첫 회합을 가졌다.

이때 블랑키 같은 유명한 무정부주의자들이 자리를 차지했다. 무정부주의란 체제의 건설이 아닌 파괴를 본령으로 한다. 당시의 무정부주의에 대해서 별도의 장에서 다루겠지만 끌레망소 같은 합리적 진보주의자보다 블랑키 같은 체제 파괴자를 선택한 것은 빠리꼬뮌의 성격을 말해준다.

 Chapter4. 끔찍한 한 해

꼬뮌정부는 공창을 폐지하고,

노동자 근무시간을 줄이고,

최저임금을 보장하고,

빈민들의 부채를 탕감하여 시위구호를 그대로 정책으로 만들었다.

하지만 거기까지였다.

민중에 의한 지배란 너무 아름다워서 이루어질 수 없는 꿈같은 것일까?

수많은 위원회가 만들어지고 수많은 사람들이 너도 나도 완장을 차고 목소리를 높였다.

권력이 미워서 봉기한 사람들이 조그만 권력에 취해서 점점 더 과격해져 갔다.

위원회와 위원회가 충돌했고

지도부와 방위군이 등을 돌렸다.

꼬뮌은 선포된지 두 달만인 5월, 빠리를 피로 물들이고
사라졌다.

특히 마지막 일주일은 전투라기보다는 정부군에 의한
꼬뮌군의 일방적 학살이라고 밖에 할 수 없는 증오와
복수의 날들이 이어졌다.

이름하여 피의 주일 (La Semaine Sanglante).
1871년 5월 21일 ~ 5월 28일

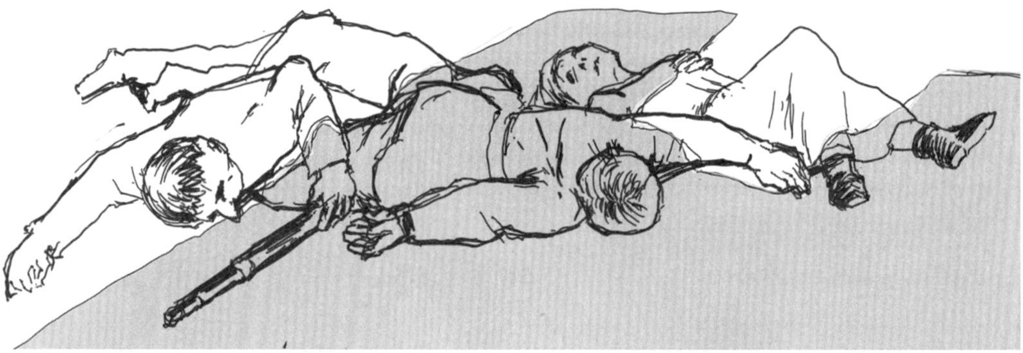

하지만 이처럼 완전한 아래로부터의 정부가
두 달 동안이나마 존재했던 역사는 일찌기
없었다. 빠리의 민중들은 잠깐이나마 이상향을
맛보았던 것이다.
쉬 상하고 깨지는 것이었지만.

역사는 인간들이 엮어가는 것이다.
빠리꼬뮌의 시기에도 여러 인간 군상들이 있었다.
용감한 자, 비겁한 자,
아름다운 자, 추한 자.

이제부터 빠리꼬뮌이라는 극한 상황에 처한 몇몇
인물들을 따라가며 이 시대를 이해해보도록
하자.

Chapter4. 끔찍한 한 해

Gustave Courbet
(1819~1877)

귀스타브 꾸르베,
그의 대표작인 이 그림 '돌 깨는 사람들'은 어디선가 본 적이 있을거다.

그에게는 항상 사실주의 화가라는 말이 따라다니지만 민중화가라고 부르는 편이 더 어울릴지도 모른다.

그 자신은 부유한 농가에 태어났으나 항상 빈곤한 사람들에게 깊은 관심을 보였다. 그 대신 권위주의나 잘 난 사람들에게는 고집스럽도록 반항적 자세를 보였다.

대가라는 사람들의 도제식 교육이 가소롭게 느껴져 몇 달만에 때려치우고 나와서 독학으로 그림 공부를 했다.

잘 난 척하는 꼴이라니, 아니꼽군.

그는 빠리꼬뮌 이후에 스위스로 망명을 가서 거기서 죽었는데 이런 이야기를 유언처럼 남겼다.

내가 죽으면 이렇게 평가해달라.

그는 어떤 학파에도, 어떤 종파에도, 어떤 체제에도 속하지 않았던 사람이다.
어느 누구의 지배에도 굴복하지 않았다는 것은 말할 나위도 없다. 단 한 가지, 자유의 지배를 제외하고는.

Chapter4. 끔찍한 한 해

꾸르베의 주장대로 4월 12일 법안이 가결되어 군중들의 환호 속에서 방돔의 탑을 철거했다. 피의 주일 직전인 5월 16일의 일이다.

현장에 있던 군중들과 영국 관광객들은 기념으로 파편을 주워가려고 아우성이었단다.

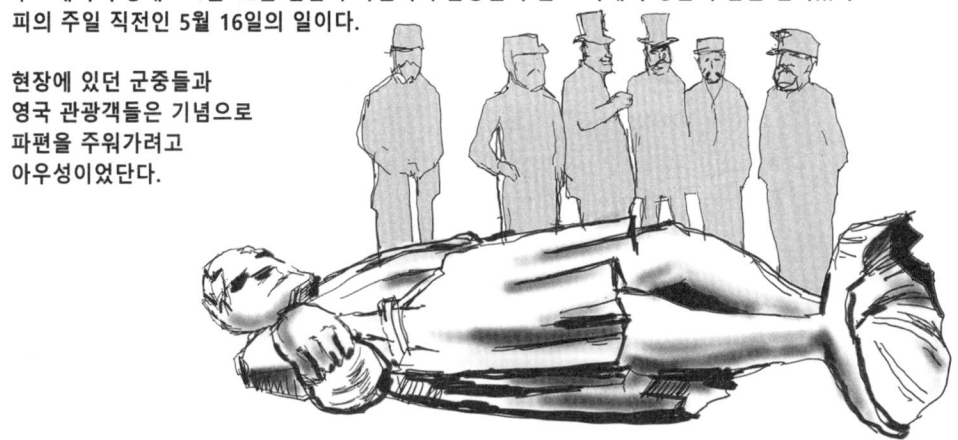

꼬뮌이 진압된 후 띠에르 정부는 꾸르베에게 책임을 물었다.

재건축 비용 33만 프랑을 꾸르베에게 물려라. 특별히 봐줘서 매년 만프랑씩 할부변제를 허락한다.

매년 만프랑을 어떻게 갚나. 꾸르베가 제때 못 갚자 그의 작품들을 헐값에 경매하기 시작했다.

파산상태의 꾸르베는 자의 반, 타의 반 스위스로 망명을 갔지.

정부는 다시 첨탑을 세우고 나폴레옹의 동상을 복제하여 올려놓았다. 비싼 호텔, 명품점들과 함께 오늘날 관광객들이 방돔광장에서 보는 탑은 이렇게 1874년에 재건축된 것이다.

정부군이 총공격을 개시한 피의 주일에 꾸르베를 흉내낸 또 한 사나이가 있었다.

쥘르 베르제레
(1830~1905)

그는 프랑스군 하사관 출신이었는데 제대 후 이런 저런 직업을 떠돌다가

빠리꼬뮌의 혼란 속에서 꼬뮌군 여단장의 자리에까지 오른 인물이다.

최대한 위엄있게 그려주게.

어떻게 이런 일이 가능했을까?
당시에 프롤레탈리아 출신이 장교가 되는 일은 거의 없었다.
그러니 꼬뮌으로서는 하사관으로서 소부대라도 지휘해본 경험이 있는 베르제레 정도의 경력도 아쉬웠을 것이다.
빠리에 망명 중이던 외국의 혁명가들 중에 오히려 제대로 부대를 지휘해 본 장교 출신들이 있었다.
러시아에서 반 짜르운동에 가담했다가 시베리아의 유형지를 탈출한 폴란드 귀족출신 돔브로우스키는 꼬뮌군을 위하여 혁혁한 전공을 세우다가 전사했다.

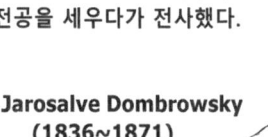

**Jarosalve Dombrowsky
(1836~1871)**

베르제레는 승마의 경험이 없어서 마차를 타고 지휘했다고 한다.
4월 2일 그는 정부군이 주둔하고 있는 베르사이유를 공격하는 작전을 지휘하게 되었다.

베르사이유로 돌격!!

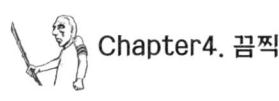 Chapter4. 끔찍한 한 해

그런데, 별다른 작전계획이라는게 없었다. 군수나 보급에 대한 계획도 없었고 점심 도시락 정도만 싸들고 출발했다. 믿기 어렵지만 마누라와 아이들까지 데리고 온 병사도 있었다고 한다.

꼬뮌군이 베르사이유에 들어가면 정부군은 장교들의 명령을 듣지 않고 주민들과 함께 반겨줄 것이라는 망상을 가지고 있었다. 3월 18일의 몽마르트르처럼...

현실은 안봐도 뻔하다. 베르사이유는 커녕 중간의 길목에서 정부군의 맹렬한 포화에 부딪혀 수많은 사상자와 포로를 남기고 혼비백산하여 빠리로 철수했다.

이 어이없는 작전의 실패로 베르제레는 열흘 정도 영창에 갇혔다.

시키들, 치사하게 진짜로 총을 쏘면 어떡해.

워낙 인재가 없었는지 풀려나서 다시 예비여단을 맡았다. 피의 주말, 퇴각하던 중 이런 명령을 내렸다. 꾸르베가 박수를 받으며 방돔의 탑을 부순 것이 떠올랐는지, 베르사이유 전투에서 당한 수모를 화풀이하고 싶었는지 알 수 없다.

뛸러리궁에 휘발유를 부어 깡그리 태워버려라!

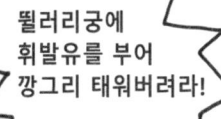

300년 된 뛸러리 궁이 사라졌다.
이웃의 리쉴리에 국립도서관까지 불이 옮아 프랑스가 자랑하는 방대한 도서도 사라졌다.

뛸러리 궁의 폐허는 11년동안 방치되다가 철거되었는데 그자리에 현재는 뛸러리 정원이 조성되어 있다.
루브르의 건물들 사이의 정원이 그것이다.

그는 불타는 뛸러리 궁을 바라보며 이런 비장한 말도 남겼다.
불타는 로마를 보며 시를 읊었던 네로와 비슷한 과대망상이랄 수 있겠다.

지금 막 왕정의 마지막 흔적을 없앴다. 동지들이여, 빠리에 남아있는 다른 모든 흔적들도 똑같이 처리해주기 바란다.

그러나 그는 꼬뮌의 마지막을 그 동지들과 함께 하지는 않았다.
런던을 거쳐 미국으로 도피하는데 성공했다.
궐석재판에서 사형선고가 내려졌지만 베르제레는 천수를 다하고 75세의 나이로 뉴욕에서 죽었다.

그가 뉴욕에 사는 동안 지어져서 프랑스 정부가 기증한 자유의 여신상을 지나치며 그는 무슨 생각을 했을까?

Chapter4. 끔찍한 한 해

베르제레와 같은 해에 태어난 여인이 있다. 우연히도 같은 나이 일흔다섯에 죽었다. 하지만 삶의 내용은 많이 달랐다. '붉은 처녀'라는 별명으로 유명한 루이즈 미셸이다.

Louise Michel (1830~1905)

그녀의 어머니는 하녀였는데 주인집 아들의 아이를 임신하였다.

천한 신분의 가진 것 없는 어머니에 대한 루이즈의 감정은 애틋했던 듯하다.

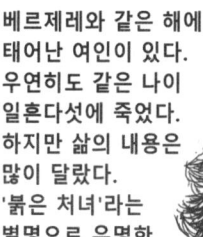

루이즈 미셸은 일생에 단 한번 소신을 버린 적이 있었는데 바로 어머니 때문이었다.

빠리 꼬뮌 막바지에 바리케이드에서 저항하던 그녀를 생포하려던 정부군이 그녀를 협박하였다.
투항하지 않으면 어머니를 죽이겠다고.
그녀는 어머니를 살려주는 조건으로 바리케이드에서 나와 투항하였다.

주인집 가문은 루이즈를 받아들여 상당한 교육을 받게 해주었다.

책을 좋아했던 소녀는 루소와 볼테르를 읽었고 피아노까지 배웠다.

루이즈 미셸은 죽을 때까지 이 소녀시절을 가장 행복했던 때로 추억했다.

Chapter4. 끔찍한 한 해

빠리 봉쇄시기에는 지역 여인들을 조직하여 식품이나 의약품을 조달해서 몽마르트르의 빈민들에게 나누어주었다.

또 올테니 한개씩만 가져가세요.

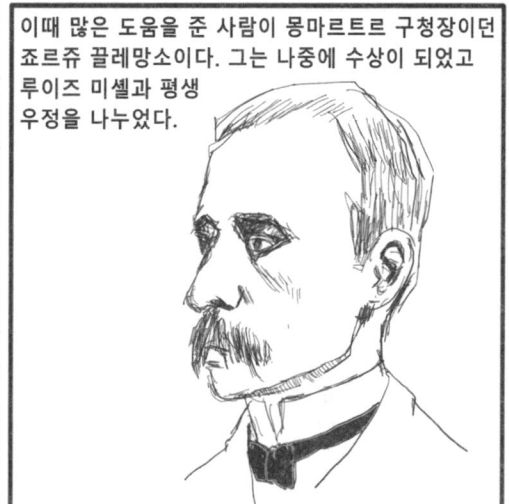

이때 많은 도움을 준 사람이 몽마르트르 구청장이던 죠르쥬 끌레망소이다. 그는 나중에 수상이 되었고 루이즈 미셸과 평생 우정을 나누었다.

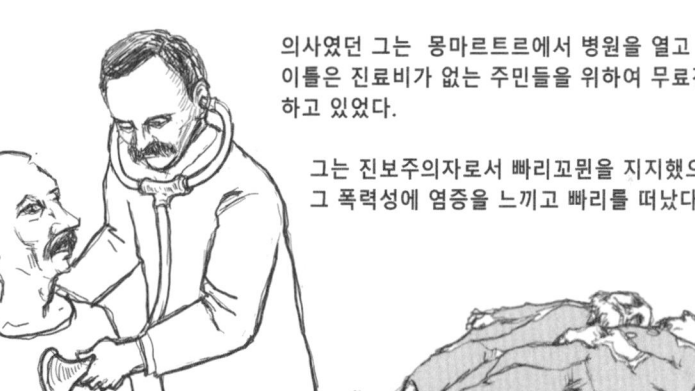

의사였던 그는 몽마르트르에서 병원을 열고 일주일에 이틀은 진료비가 없는 주민들을 위하여 무료진료를 하고 있었다.

그는 진보주의자로서 빠리꼬뮌을 지지했으나 그 폭력성에 염증을 느끼고 빠리를 떠났다.

하지만, 루이즈 미셸은 떠나지 않는다. 그녀의 좌익적 성향을 못마땅해 할 수는 있다. 그러나 그녀의 일생을 통틀어 볼 때 경탄할 수 밖에 없는 점은 상상할 수 없는 역경 속에서 보여주는 결코 포기하지 않는 일관성이다.

젊은 시절 정열과 이상을 좇아 약자의 편에 서기는 비교적 쉽다. 그러나 이 이상과 신념을 평생토록 유지하는 것은 매우 어렵다.

인생의 여정에서 역경에 부딪히고 유혹도 받으면서 타협하게 되고 급기야는 약자를 이용하여 권력과 부라는 자기 이익을 챙기는 위선자로 늙어가는 자들을 드물지 않게 보게된다.

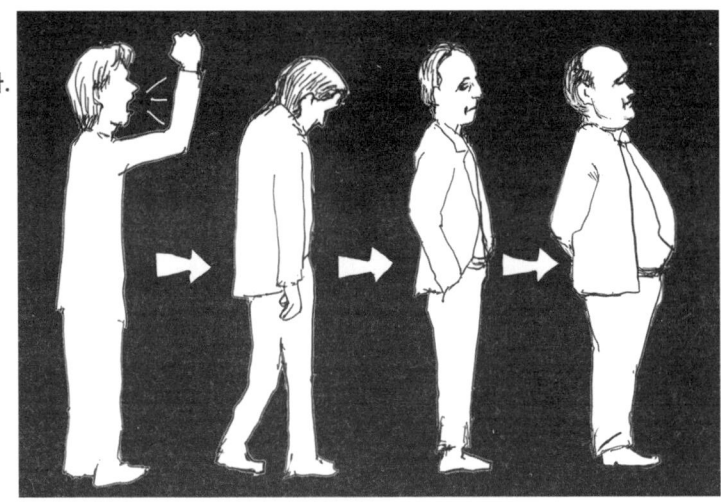

그래서 루이즈 미셸이라는 여인이 놀라운 점은 젊은 시절 약자의 편에 서겠다는 뜻을 세운 것보다 일생동안 그 신념을 지켜 가는 일관성에 있다.

그녀는 꼬뮌 사태 이후 유배형에 처해져 프랑스에서 지구 반대편에 있는 식민지 뉴 칼레도니아로 떠났다. 띠에르 정부가 유배를 보낸 숫자가 거의 4,500명이라 하니 꽤 많은 꼬뮌 동지들과 함께 이곳에서 유배 생활을 했을 것이다.

이곳에는 카낙족이라는 원주민이 있었는데 꼬뮌 유배자들 중 일부는 이들과 교류하며 좋은 관계를 맺었다.

루이즈 미셸도 그 중 하나였다.
그녀는 카낙족이 프랑스에게 자신들의 땅을 잃은 패자라는 점에서 부르조아 착취에 대항하다 패한 자신들과 같은 약자라고 생각했다.

그녀는 카낙 언어도 열심히 배웠고 틈나는대로 카낙족 아이들에게 자기 식으로 여러가지 세상 일들을 가르쳤다.
그녀의 원래 소망이 선생님이었던 걸 생각하면 자연스러운 일이다.

여기까지는 별 놀라울 것이 없는데,

Chapter4. 끔찍한 한 해

1878년 카낙 원주민들이 프랑스에 대항하여 반란을 일으켰다. 이때 뉴 칼레도니아에 있던 꼬뮌 출신 유배자들은 어떤 입장을 취했을까? 프랑스의 제국주의 식민정책에 반대하여 자신들의 땅과 권리를 되찾으려 봉기한 카낙족을 지지했을까?

꼬뮌이 내건 이념과 논리대로라면 그래야 했을 것이다. 그러나 현실에서는 모두가 프랑스의 편에 섰다. 일부는 직접 무기를 들고 전투에 참여하기까지 했다.

단 한 사람, 루이즈 미셸만이 예외였다.

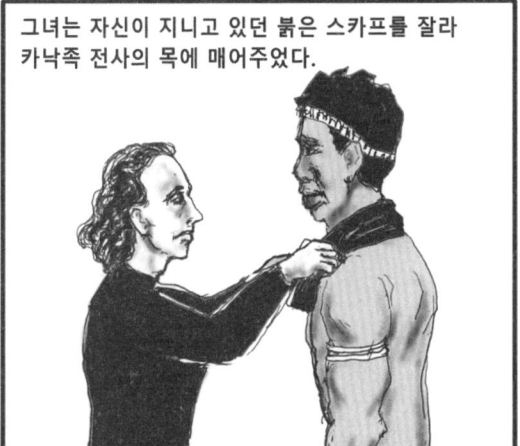

그녀는 자신이 지니고 있던 붉은 스카프를 잘라 카낙족 전사의 목에 매어주었다.

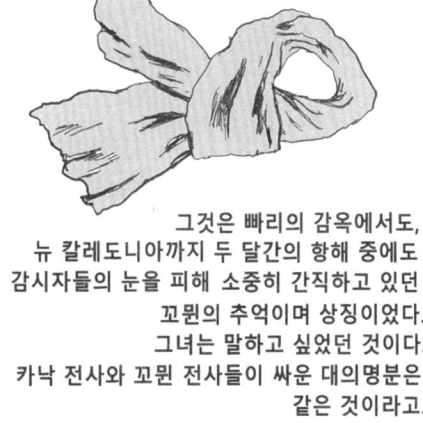

그것은 빠리의 감옥에서도, 뉴 칼레도니아까지 두 달간의 항해 중에도 감시자들의 눈을 피해 소중히 간직하고 있던 꼬뮌의 추억이며 상징이었다. 그녀는 말하고 싶었던 것이다. 카낙 전사와 꼬뮌 전사들이 싸운 대의명분은 같은 것이라고.

오랜 후 자서전에서 이렇게 회상했다.

그때까지 존경심을 갖고 있던 꼬뮌 동지들에게 큰 실망을 했습니다.

빠리에서 우리가 목숨을 걸고 싸운 것은 무엇이었습니까?

그들은 저항하는 약자가 아닌 착취자의 편에 섰습니다. 정의보다는 피부색이 중요했던거죠.

루이즈 미셸은 유배형이 끝난 후 빠리로 돌아와 전국을 돌아다니며 강연을 하여 급진적 좌파의 아이콘이 되었다. 체포와 순회강연을 번갈아 이어가던 중 1888년 르 아브르에서 열린 토론회에서 두발의 총탄을 머리에 맞았다.

범인은 삐에르 루카스라는 거구의 전직 써커스 단원이었는데 총격 당시 술에 취해 있었다고 한다.

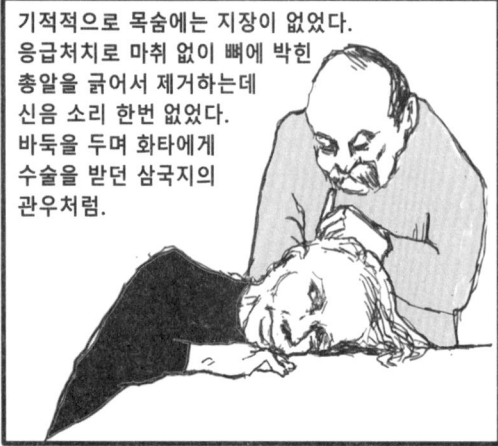

기적적으로 목숨에는 지장이 없었다. 응급처치로 마취 없이 뼈에 박힌 총알을 긁어서 제거하는데 신음 소리 한번 없었다. 바둑을 두며 화타에게 수술을 받던 삼국지의 관우처럼.

한 발은 제거하지 못해 평생을 머리 속에 지니고 살아야 했지만 즉시 빠리로 돌아와 일을 계속했다. 웬만한 남자보다 용감한 여자였다.

나를 쏜 루카스는 숨어서 나를 음해하는 자들보다 낫습니다. 그의 단순함과 과격함을 이용하는 자들이 진짜 악당이죠. 루카스도 피해자입니다. 경찰은 그에게 관용을 베풀어야 합니다.

루이즈는 암살범 루카스를 착취 당하고 이용 당하는 약자로 보았다. 그의 부인에게도 편지를 보냈다.

마담 루카스, 부인이 이 일로 고통을 받지 않았으면 합니다. 나는 당신 남편을 용서합니다.

Chapter4. 끔찍한 한 해

딴 사람이 이런 이야기를 했다면 위선이 아닐까, 다른 정치적 의도가 있지 않을까 의심했을 것이다. 그러나 루이즈 미셸의 일생을 볼 때 그녀가 암살범을 진심으로 용서하였을 것이라 생각한다.

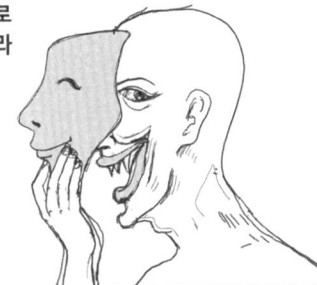

그녀는 무리한 순회강연 일정을 강행하다가 일흔다섯의 나이에 폐렴으로 죽었다. 묘비에는 영웅적인 빠리꼬뮌의 전사라고만 새겨져 있다.

어떻게 보면 루이즈 미셸은 어머니를 위한 단 한 번의 타협으로 굴곡진 삶이나마 수명을 다 할 수 있었다.

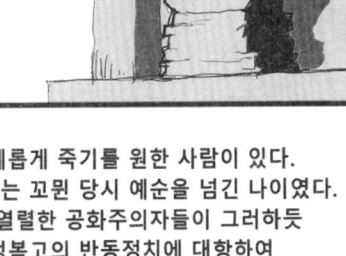

여기에 명예롭게 죽기를 원한 사람이 있다. 델레크뤼즈는 꼬뮌 당시 예순을 넘긴 나이였다. 그 또래의 열렬한 공화주의자들이 그러하듯 제정과 왕정복고의 반동정치에 대항하여 젊은 시절 망명과 옥살이를 반복하였다.

루이 샤를 델레크뤼즈
(1809~1871)

그는 한때 악명 높은 악마의 섬에서 감옥살이를 한 경력도 있다. 악마의 섬은 브라질 위에 위치한 프랑스령 기아나에 있는 섬인데 일단 갇히면 탈옥이 불가능한 걸로 유명하다.

더스틴 호프만과 스티브 맥퀸이 열연한 1970년대의 영화 빠삐용에 등장하는 바로 그 섬이다.

나폴레옹 3세의 제정에 대항하여 투옥되었는데 1859년 사면된 후에도 과격한 진보신문의 발행인으로 이름을 날리다가 벨기에로 망명을 떠났었다.

말하자면 전형적인 급진적 공화주의 투사였고 이러한 그의 경력은 원로로서 빠리꼬뮌의 간판이 되기에 적당했다.

외교위원회 의장을 맡고 있다가 군사경력이 전혀 없음에도 군사위원장까지 떠맡게 되었다.

피의 주일 정부군이 진격하며 꼬뮌의 종말이 눈앞에 보이자 그는 완전한 예복을 차려입고 참모들과 마지막 인사를 나누었다.

브로블루스키는 러시아에 대항했던 폴란드 망명자였다. 그에게는 자신의 자리를 맡아줄 것을 부탁했다.

아닙니다. 저는 끝까지 병사로 싸우겠습니다.

그리고 포연이 가득한 빠리의 거리로 나서서 최전방의 바리케이드로 찾아갔다.

Chapter4. 끔찍한 한 해

이런 말을 남겼다고 한다.

> 살아서 더 이상 패배를 겪기에는 너무 지쳤다.

델레크뤼즈는 빈 손으로 홀로 바리케이드 위에 올랐다. 그는 그렇게 자신이 명예스럽다고 생각하는 방식으로 죽었다.

빠리꼬뮌의 역사는 비참한 역사이다. 많은 사람이 죽어갔지만 그것만이 비참함의 이유는 아니다.

비참함의 진정한 이유는 그 모든 살륙을 움직인 힘이 이념과 사상의 뒤에 숨은 서로에 대한 동물적 증오의 감정이었기 때문이다.

증오와 분노는 꼬뮌군과 정부군을 오가며 점점 더 증폭되었고 급기야 그 야만성은 광기의 수준에 이른다.

쥘르 베르제레가 지휘한 베르사이유 공격이 형편없는 대실패로 끝난 것은 앞에 이야기한 바 있다.

> 베르사이유로 돌격!

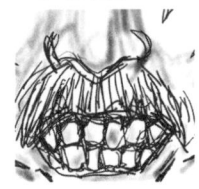

이때 잡힌 포로들 중 정규군에서 꼬뮌군으로 전향한 자들은 예외없이 처형되었다.

> 살려준다고 해서 항복한건데.

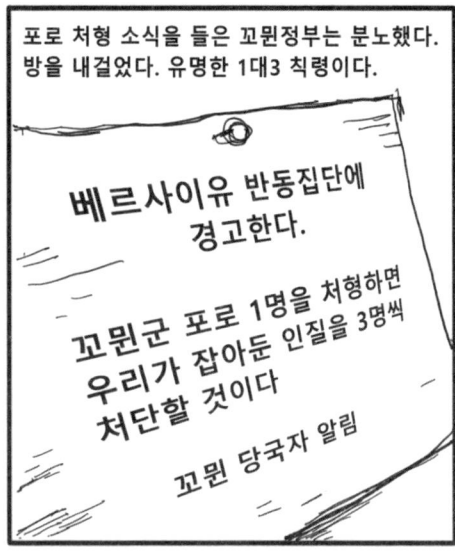

Chapter4. 끔찍한 한 해

이런 완장들은 상황이 심각해지면서 목숨을 구해 도망쳤다.
이게 난세에 뜻하지 않은 권력을 쥐게 된 자들의 특성이다.
힘이 있을 때 가장 잔인한 자는 힘이 빠지면 가장 비겁한 자가 된다.
거의 예외가 없는 역사의 가르침이다.

5월 21일 정부군의 대공세가 시작되었을 때 30만이 넘던 방위군은 사라지고 2만도 채 안되는 병력이 남아서 맞섰다.
더구나 상당수는 아이들과 여인들이었다.

바야흐로 우리가 피의 주일이라고 부르는 학살의 역사가 다가오고 있었다. 빠리의 매캐한 포연 속에서도 붉은 장미는 어김없이 피었을테고 꼬뮌의 최후는 그보다 더 붉었다.

이 절망의 주일에
어떤이는 불지르고 도망쳤고,

어떤이는 명예를 택했고

어떤이는 끝까지 싸우기로 한다.

이 절망적 상황에서 5월 24일 꼬뮌 정부는 한 중요한 처형을 결정했다.

죠르쥬 다르보이, 빠리의 대주교였다.

빠리의 대주교라면 당시의 교세로 보아 전세계 카톨릭 성직자 가운데 적어도 열 손가락 안에 꼽히는 고위 성직자이다.

Archbishop Georges Darboy (1813~1871)

그는 몇달 전 빠리를 떠나라는 권고를 거절했다.

빠리는 안전하지 않습니다.

빠리 대주교가 빠리를 떠나면 누가 시민들을 돌보겠소?

꼬뮌은 그와 함께 다섯 명의 성직자를 감옥 안에서 급히 처형하고 퇴각하였다. 다르보이 대주교는 의연히 죽음을 맞았다고 한다.

하느님, 죽기 전에 이들을 용서합니다.

이런 의문이 들지 모르겠다.

프랑스는 카톨릭 국가인데 왜 신부들을 처형했는가?

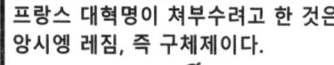

프랑스 대혁명이 쳐부수려고 한 것은 앙시엥 레짐, 즉 구체제이다.

그런데, 프랑스 카톨릭은 앙시엥 레짐의 중요한 한 축이었다. 왕권에 정통성을 부여하고 기성체제에 권위를 제공하였다.

왕권은 하늘이 내리는 것이니 이 왕조를 보호하소서.

그 대신 국가는 교회에 방대한 토지와 재산을 보장해주었다.

그 결과 10만명의 성직자가 국토의 10%를 차지하는 상황에 이르게 된다.

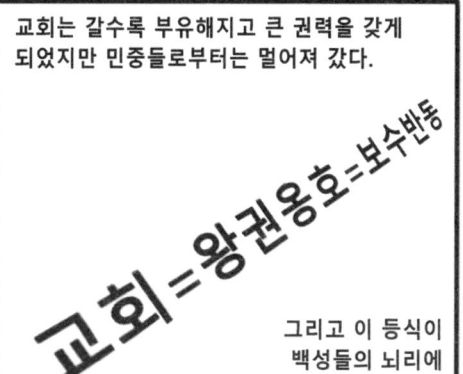

이걸 보고 온 우리나라의 어느 신부님이 여행기에 이렇게 썼다. 지당한 말씀이다.

가난한 사람들과 함께 하지 않은 교회는 프랑스혁명과 함께 모든 것을 다 잃었다.

혁명이 일어나자 카톨릭 교회는 민중들의 타도 대상이 되었다. 카톨릭계 학교를 폐쇄하고 토지를 몰수하고 성당을 파괴했다.
다르보이 대주교는 그런 역사의 순교자인 것이다.
꼬뮌이 사라진 후 띠에르 정부는 대주교의 시신을 어렵사리 찾아내서 정식으로 장례를 치렀다.

다르보이 대주교의 처형이 피의 주일 학살에서 정부군 병사들에게 도덕적 합리화의 빌미를 주었는지도 모른다.
피의 주일 마지막까지 남은 꼬뮌 병사 147명이 내몰린 막다른 곳은 다름아닌 공동묘지 뻬르 라셰즈였다.
5월 28일 마지막 학살의 현장에는 비가 내리고 있었다고 한다.

 Chapter4. 끔찍한 한 해

빠리 여행을 여러번 해서 웬만한 곳은 다 가보았다면,
혹시 사람이 붐비는 관광지를 싫어한다면
뻬르 라셰즈를 찾아보는 것도 나쁘지 않으리라.
가끔 묘지를 걷는 일은 의외로 많은 생각을 하게한다.

우리 모두 영원히 살 것은 아니기에 죽음을 가끔은
생각해보아야 한다.
'Memento Mori.'

빠리에 유명한 묘지가 몇개 있지만
뻬르 라셰즈에 가면 이런 사람들을 만나볼 수 있다.

소설가이자 극작가
오노레 드 발작

폴랜드 출신 천재 피아니스트
프레데릭 쇼팽

영국인인 오스카 와일드가
왜 빠리에 묻혀있는지는
다음 권에서 이야기 하기로
하고,

'잃어버린 시간을 찾아서'의
마르셀 프루스트

거기다 위대한 샹송 가수
에디뜨 삐아프까지.

Non,
rien de rien.
Non,
je ne regrette
rien.

뻬르 라셰즈는 몇 아롱디쓰망에 있을까?
1구나 2구는 아니겠지.
20구에 있다.
빠리꼬뮌은 18구 몽마르트르에서 시작되어
20구의 뻬르 라셰즈에서 막을 내린 것이다.

공교롭게도 꼬뮌 학살의 총지휘자인
아돌프 띠에르도 뻬르 라셰즈에 묻혀있다.
꼬뮌전사의 묘에는 아직 꽃이 놓이지만
띠에르의 묘에는 가끔 스프레이가 뿌려지곤
한단다.

이게 빠리지엥들의 일반적인 정서인가보다.

1970년대에 반정부운동을 하다가 빠리로 도피해
택시운전을 하게된 홍세화가 쓴 책에 보면
어느 묘령의 아가씨를 뻬르 라셰즈에 내려준 후
자기도 꼬뮌전사의 벽으로 부르는 묘지를 다시
찾아보고 싶어 들어갔다가 손님으로 태웠던
그 아가씨를 우연히 거기서 다시 만나는 장면이
있다.

둘은 생면부지이지만 꼬뮌전사를 추모하여
그들의 묘를 찾았다는 한 가지 사실만으로
일종의 동지애 같은 것을 느낀다.
빠리꼬뮌은 이렇게 실현되지 못한 젊은 날의
이상처럼 우리 마음에 아련한 연민으로
자리잡고 있는 것이다.

빅또르 위고도 비슷한 감정을 가지고 있었다.
그는 꼬뮌의 폭력성에는 비판적이었지만 근본적으로 꼬뮌을
동정했고 살아남아 투옥된 자들을 사면하는데 앞장섰다.

1871년을 돌아보며 시집을 냈는데 제목이
'끔찍한 해'(L'annee Terrible)

여기 실린 시 한 편을 소개하면서 빠리꼬뮌의 이야기를
마무리하려고 한다.
실화를 바탕으로 한 시라고 한다.

Chapter4. 끔찍한 한 해

바리케이드 위에서
Sur une barricade, Victor Hugo, 1872

죄많은 피에 더럽혀지고
순결한 피에 씻기운
포석에 세운 바리케이드 위에
열두살 소년이 어른들과 함께 잡혀있었다.
너도 저들과 한패냐?
예, 우리는 동지예요, 소년이 대답했다.
그래 좋아, 장교가 말했다.
너희들을 다 쏘아 죽일테니 네 차례를 기다려.
아이는 보았다. 총구가 불을 뿜는 것을
그리고 모든 동지들이 벽 앞에 쓰러지는 것을.

소년이 장교에게 말했다.
집에 돌아가 엄마에게 이 시계를 돌려주고 와도 돼요?
도망치려는거지? 돌아올거예요.
이 녀석 겁이 났군, 너희 집이 어딘데?

저기 우물 옆 저 집이에요, 대위님 돌아올게요.
가라, 망나니 녀석아.
소년은 떠났다.
뻔한 수법이지. 장교는 병사들과 키득거렸고
그 웃음 소리에 죽어가는 자들의 신음이 얹혀졌다.

그러나 웃음소리가 그쳤다.
창백한 소년이 비알라처럼 자랑스런 모습으로
갑자기 나타났기 때문이다.
벽에 기대며 소년이 말했다. 이제 쏘세요.

죽였다가는 창피를 당할 것 같아 장교는 소년을 풀어주었다.

후략

*비알라 : **Joseph Agrico Viala** 프랑스 대혁명 당시
혁명군으로 전사한 열두살 소년

Chapter 5

빠리, 새로 짓다
다섯 건물에 얽힌 이야기

사람이 건물을 만들지만
그 다음에는 그 건물이 사람을 만든다.
-윈스턴 처칠

빠리 봉쇄, 꼬뮌의 탄생과 멸망,
끔찍한 한해동안 벌어진 일들로 도시는 파괴되었고
빠리 시민들의 가슴에는 커다란 상처가 남았다.

프로이센, 아니 이제는 통일된 독일제국에 50억프랑의 전쟁배상금을 하루라도 빨리 지불하고 싶었다. 그래야 프랑스 영토 안에 주둔하고 있는 독일 병사들의 꼴을 안봐도 될테니까.

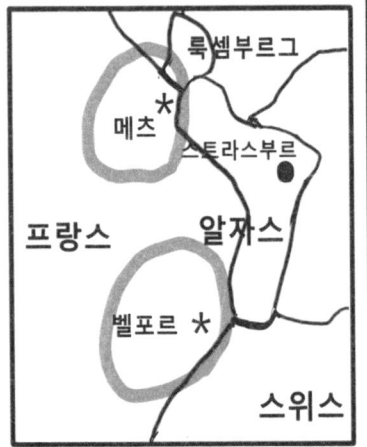

결론부터 말하면 지불기한인 1875년에서 2년을 앞당긴 1873년에 전액을 갚았다.

이렇게 무리 안하셔도 되는데...

도대체 어떻게?

이제부터 부서진 빠리 위에서 지어진 다섯개의 건축물에 얽힌 사연들을 알아보려고 한다.
D와 E는 보면 단박에 알 것이고,
A는 싸크레 꿰르 성당, B는 오페라 가르니에, C는 빵떼옹이다.

A, B, C는 과거와의 타협이고 D, E는 미래로의 전진이다.
A, C에는 종교적 논쟁이 있고 B, D, E에는 속세의 경쟁이 있다.
이렇게 이야기하면 굉장히 거창하고 어려운 것 같지만 이제부터 이 다섯개 건축물의 사연을 들어보면
꼬뮌 이후 19세기 말, 벨르 에뽀끄 시절의 프랑스 사회를 좀 더 잘 이해할 수 있게 될 것이다.

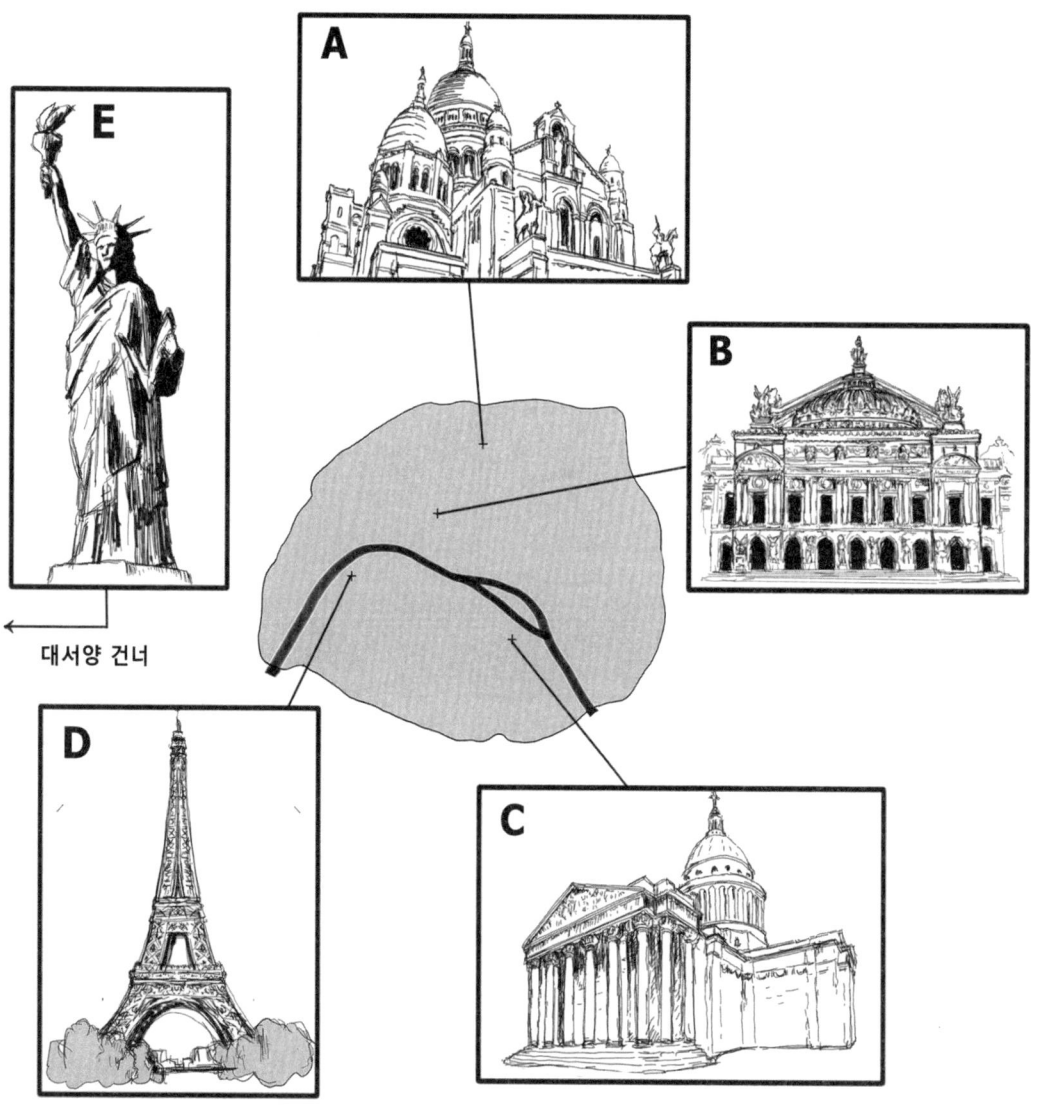

대서양 건너

Chapter5. 빠리, 새로 짓다

먼저 오페라 가르니에 부터 시작해볼까?

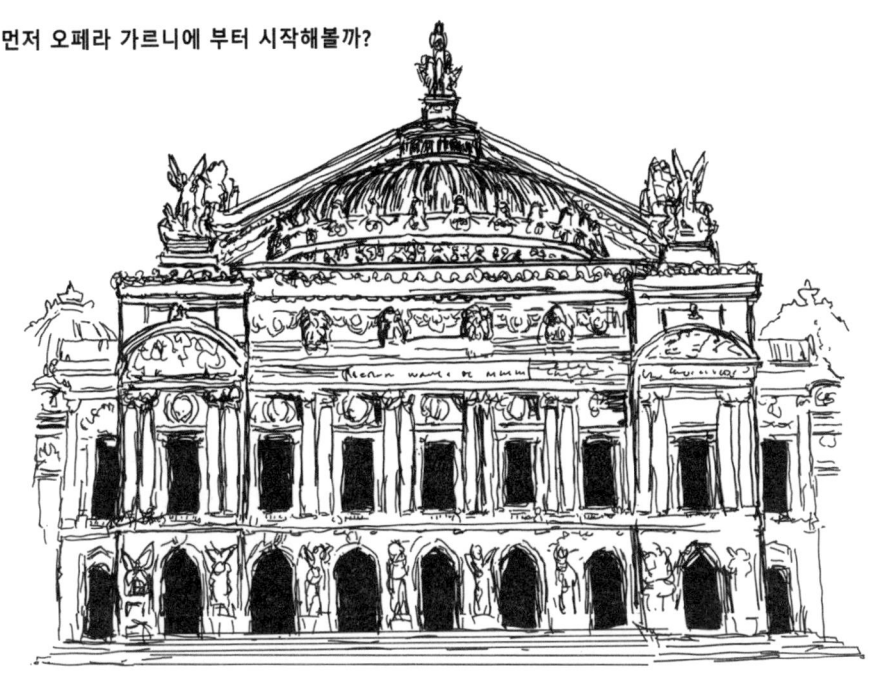

오페라나 발레를 공연하는 극장인데 공식 명칭은 국립 빠리 오페라극장. 하지만 이런 어려운 이름은 잘 안 쓰이고 그냥 건물을 설계한 샤를 가르니에의 이름을 따서 오페라 가르니에라고들 부른다.

Charles Garnier (1825~1898)

역시 프랑스는 문화 선진국이야. 우리나라에 건축가 이름을 붙여준 건물이 있던가?

사실 프랑스-프러시아 전쟁이 발발할 즈음에 이 건물은 거의 완공 직전의 단계였다.
빠리 봉쇄와 꼬뮌의 난리통에도 꼬뮌군의 보급창고로 잠깐 쓰였을 뿐 큰 손상은 입지 않았다.
조금만 더 투자하면 마무리 지을 수 있는 상태였던 것이다.

조금만 더 쓰시면...
되는데...

가르니에는 건물의 완공을 위해서 정부를 설득해보려고 했으나 반응이 없었다.
물론 독일에 대한 배상금 문제로 재정도 빡빡했겠지만 더 큰 이유는 따로 있었다.

프랑스의 영광을 드러낼 수 있도록 다른 나라 것보다 화려한 오페라 하우스가 필요해.

이 오페라 하우스가 제3공화국 인사들이 미워했던 나폴레옹 3세의 나폴레옹 3세를 위한, 나폴레옹 3세 스타일의 프로젝트라는 생각 때문이었다.

오래 전 오페라 하우스 건설의 기획단계에서 입지를 고를 때 오쓰만 남작이 우선적으로 고려한 점은 나폴레옹 3세의 경호 문제였다. 1858년 임시 오페라 하우스로 쓰던 쌀 르 뻴레띠에 (Salle Le Pelletier) 앞에서 나폴레옹 3세가 자객의 공격을 받은 적이 있던 터라 뛸러리궁에서 오페라 하우스까지의 접근로가 안전해야 했다.

뛸러리궁을 출발한 마차가 이 길을 직선으로 달려 오페라 하우스의 황제 전용통로로 바로 진입할 수 있도록.

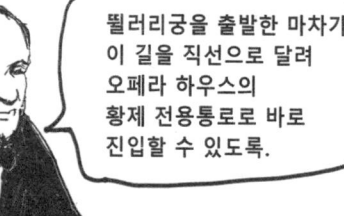

Chapter5. 빠리, 새로 짓다

설계안은 공모를 했고 1차 예선을 통과한 170개 후보작 중 7개가 결선에 올라갔는데,

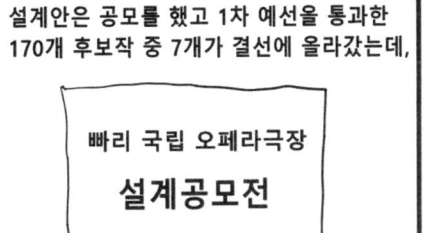

의외로 예선에서 5위를 한 무명의 가르니에의 작품이 최종 선정되었다.

가르니에의 아버지는 대장쟁이였는데 이것 때문에 꽤 출세를 하고나서도 가르니에는 평생 신분에 대한 콤플렉스를 가지고 살았다.

실세 황후 외제니는 가르니에의 작품이 선정된데 대하여 불만이 많았다. 가르니에의 출신 신분이 낮아서 그랬는지, 자기가 밀던 외젠 에마뉘엘 뷜레 르 뒥의 설계안이 선정되지 않아서 그랬는지 공개적으로 지적질을 했다.

이 양반, 이름이 되게 복잡한 걸 보니 집안이 짱짱했던 모양이지?

이건 뭐 그리스식도 아니고, 루이 14세 스타일도 아니고, 루이 16세 스타일도 아니고 어정쩡 하잖아요.

하긴 바로크 스타일에다가 르네상스 양식도 섞여 있고 철골구조로 현대식 공법도 집어넣어 좀 잡탕이긴 하다.

라 벨르 에뽀끄

가르니에,
주눅들지 않고
한마디 했다.

무슨 섭섭한 말씀,
바로 나폴레옹 3세
스타일!

이게 19세기 중반에 벌어진 일이다.
이때에 서유럽의 국가들은 근대적 시스템을 갖추고 있었다는 이야기다.
소위 살아있는 권력인 황제 나폴레옹 3세의 당당한 황후인 외제니가 노골적으로 밀어도
정해진 프로세스에 따라 일이 진행되었다는 사실이 놀랍다.
서유럽에는 이때 이미 근대의 불빛이 밝혀져 있었던 것이다.

그러지 않기를 바라지만 이 나라에서 지금 비슷한 일이
벌어진다면 가르니에가 탈락하고 봘레 르 뒥의 설계안이
선정되지 않았을까? 그리고 다음 정권에서 그 비밀이 폭로되고
알고도 모른체 하던 언론들이 일제히 대서특필하는 일들이
벌어지지 않았을까?

어쨌든,
이런 식으로 나폴레옹 3세의 체취가 강하게 배어있는
건축물이니 새 정부가 맘이 내키지 않을만도 했겠다.
띠에르가 콧구멍을 파고, 그 다음 대통령 맥마옹도
먼산만 바라보는 사이
해결될 것 같지 않던
건물의 완공이 단번에
해결되는 일이
생겼다.

오페라 하우스로 사용하던 쌀 르 뻴레티에
화재가 일어나 잿더미가 되어버린 것이다.
다른 곳도 아닌 빠리에 오페라 하우스가
없을 수는 없는 법. 급해진 3공화국 정부가
서둘러 공사는 일사천리로 진행되었다.

Chapter5. 빠리, 새로 짓다

급히 완공을 해서
1875년 1월에 화려한 갈라쇼로 드디어 개장을 했다.

텔레비젼도 영화도 없던 시절 오페라는 최고의 종합예술이자 오락흥행물이었다. 눈부신 조명과 의상과 음악과 연기로 마이크 같은 전자장비의 도움 없이 관객들을 압도하고 끌어들여야 했으므로 모든 것이 실제보다 과장되어야 했다. 그래서 많은 오페라가 극단적인 스토리 전개의 막장 드라마 성격을 갖고 있다.

유럽 각국의 오페라좌는 당대의 예술, 예능계의 최고의 자원이 투입되는 부르조아들의 세속적 욕망의 경연장이었다.
그래서 오페라 가르니에도 화려해야 했고 그곳을 찾는 관객들도 가장 멋진 옷을 빼어입고 와서 저녁 한때를 즐겼다.

무대 위의 공연보다도 사교계의 라이벌들이 무엇을 입고 왔는지에 더 관심이 쏠리는 귀부인들과 신사들도 많았지.

소위 오뜨 꾸뛰르 (Haute Couture)의 소비자들, 쉽게 말해서 앙드레 김 아저씨가 디자인한 옷 같은 걸 사입는 사람들이다.

오페라 가르니에에서는 발레도 공연되었는데 백스테이지에서 돈 많은 스폰서들이 어린 발레리나들을 눈여겨 관찰하며 파트너를 고르는 풍습이 있었다.

매니저로 어린 딸을 따라다니던 부모들도 이 거래를 싫어하지 않았단다. 발레 백스테이지를 즐겨 그렸던 드가의 작품을 통하여 이 광경들이 남아있다.

세속적 욕망과 허영을 상징하듯 오페라 가르니에의 관객석 위 돔 천장에는 화려한 대형 샹들리에가 달려 있었다.

Chapter5. 빠리, 새로 짓다

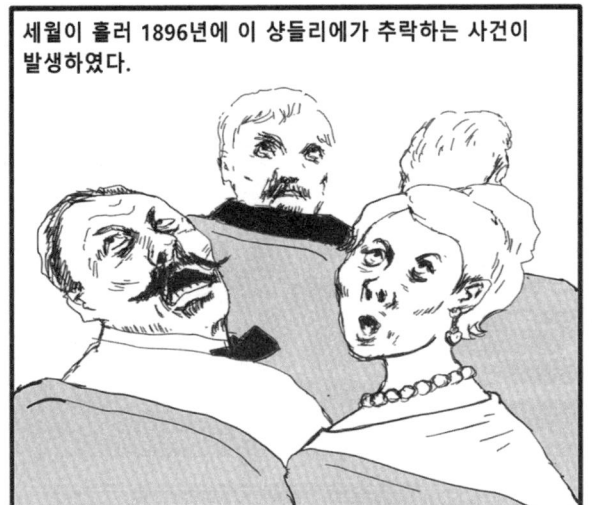
세월이 흘러 1896년에 이 샹들리에가 추락하는 사건이 발생하였다.

이 사고를 그냥 흘려보내지 않은 사나이가 있었는데

가스똥 르루
(1868~1927)

소싯적에 작가를 꿈꾸던 문학소년이었으나 아버지 때문에 억지로 법과대학에 입학한 가스똥,

스물한살에 해운업을 하던 아버지가 돌아가셨는데 100만프랑이라는 거액을 상속받았다.

도박, 여자, 나이트클럽 원 없이 돈을 뿌리고 단 6개월만에 유산을 탕진했다.

특히 도박벽은 가스똥이 일생동안 끊지 못했던 병이다.

통 크게 파산한 가스똥은 현장 취재기자가 되어
세계를 누볐는데 대단한 특종 기자였다고 한다.
아랍인으로 변장하여
폭동 현장을 취재했고
베스비우스 화산 폭발,
러시아혁명의
현장에 있었다.

데스크와 싸우고 기자를 때려치운 그는 어릴적부터 꿈꾸던
전업작가가 되어 오페라 가르니에의 샹들리에 사고를
떠올려 미스테리 소설을 썼는데,

다름 아닌 '오페라의 유령'이다.

이 소설은 가스똥 르루에게
영국의 코난 도일,
미국의 에드가 알란 포와
비교되는 미스테리 작가의
명성을 가져다 주었다.

또 오랜 세월이 흘러 1986년,
영국의 작곡가 앤드류 로이드 웨버가
소설을 뮤지컬로 만들어 내놓아
지금도 수십년째 세계의 관객을
끌고 있다.

Chapter5. 빠리, 새로 짓다

1825~1898	1868~1927	1948~생존

샤를 가르니에의 오페라 건물이 없었다면 가스똥 르루의 소설 오페라의 유령이 없었을거고 가스똥의 소설이 없었다면 앤드류 로이드 웨버의 뮤지컬이 없었을 것이다. 역사는 때로 이렇게 다른 시대, 다른 공간의 인물들을 엮기도 한다. 가스똥 르루는 죽을 때까지 오페라 가르니에에 유령이 살고 있으며 건물의 지하에 실제로 지하무덤(카타콤베)이 있다고 우겼다니 샤를 가르니에와 대질심문을 해야 할지도 모르겠다. 아마 자신의 소설을 위한 마케팅 수법이 아니었을까 싶기는 한데...

어쨌던 오래 전 브로드웨이의 마제스티 극장에서 크리스마스를 며칠 앞두고 관람한 뮤지컬의 장면들이 아직도 눈에 선하다.

오페라 가르니에가
세속의 욕망을 대표하는
건물이라면

그 반대편의 세계를
구현하려고 지어진,
그러나 훨씬 더 거센 논란
속에서 지어진 건축물이
있다.

몽마르트르 언덕 정상에
우뚝 서있는
순백색의 건물,

싸크레 꿰르
(Sacre Coeur)

Sacre는 성스럽다는
뜻이고 (sacred)
Coeur는 심장이라는
뜻이니 (heart)
성스러운 심장,
즉 예수의 심장을
뜻한다.

프랑스 카톨릭은 프로시아와의 전쟁에서
패배하고 빠리꼬뮌의 반란이 발생한
일련의 재앙들이 프랑스인들의 도덕과 신앙이
무너진 데 대한 벌이라는 생각을 갖고 있었다.

이러한 생각은 정권을 쥐고있던 보수파 공화주의자들이
전개한 도덕과 질서의 회복 운동(Moral Order)과
상당히 일치하는 면이 있었다.

이제 무너진 신앙을 회복하고
과거의 축복받은 프랑스로
돌아가야 할 때입니다.

도덕 질서 회복
공화당 제6구 지구당

Chapter5. 빠리, 새로 짓다

꼬뮌군에게 처형된 빠리 대주교 다르보이 신부의 후임으로 임명된 죠셉 길베르 신부.

Joseph Guilbert (1802~1886)

그는 프랑스인의 신심 회복을 위하여 대성당을 짓게 해달라고, 그리고 그에 알맞은 장소를 구해달라고 기도를 하고 있었는데,

몽마르트르 정상을 비추는 한줄기 빛을 보았고 이것이 그의 기도에 대한 응답이라고 생각했다.

프랑스의 카톨릭에게 몽마르트르란 어떤 곳인가? 우리로 치면 강변북로를 타고 가다 볼 수 있는 절두산 같은 곳이랄까?

원래는 누에 머리를 닮았대서 잠두봉이라 불렸는데 1866년 병인박해 때 이 곳에서 천주교인들의 머리를 잘라 시체를 바로 한강물에 던졌기 때문에 한국 천주교의 순교성지가 되면서 절두산이라는 이름이 붙여졌다.

규모는 작지만 언덕 위의 순교라는 점에서 몽마르트르와 비슷하다.

몽마르트르는 프랑스 카톨릭 최초의 순교자 쌩 드니(Saint Denis)가 목이 잘린 곳이다.

신라에 불교가 전해질 때 순교한 이차돈의 목을 베자 흰 피가 솟구쳤고 머리는 산 속까지 날아갔다는 전설이 있듯이 쌩드니에게도 전설이 있다. 그는 자기의 잘린 목을 들고 빠리 시내로 내려와 돌아다니며 설교를 했다고 한다.

그래서 이런 그림이나 조각을 보게 되면 쌩드니인줄 알면 된다. 그는 프랑스의 국가수호성인이라서 심심찮게 눈에 띌 것이다.

게다가 불과 몇 해 전 길베르 대주교의 전임자 죠르쥬 다르보이 주교가 이 근처에서 꼬뮌군에게 처형되어 순교하지 않았던가?

아무리 생각해도 이보다 속죄의 성당을 짓기에 적당한 곳은 없었다.

몽마르트르는 사실 지명 자체가 종교적이다. 순교자의 언덕이라는 뜻이니까.

Mont (Mount, 언덕, 산)

+

Martre (Martyr, 순교자)

=

순교자의 언덕
Mount of Martyrs

Chapter5. 빠리, 새로 짓다

그래, 빠리의 어느 곳에서도 올려다 보이는 이 순교의 언덕에 꼭 성심을 기리는 성당을 세워 프랑스 국민들을 회개시켜야 한다.

기베르 빠리 대주교

그러나 꼬뮌을 지지했던 진보파들의 생각은 전혀 달랐다.

뭐라구?

죠르쥬 끌레망소

그곳은 1871년 3월 18일 대포를 빼앗으러 온 르꽁뜨의 군대에 대항하여 빠리꼬뮌의 역사가 시작된 곳이며

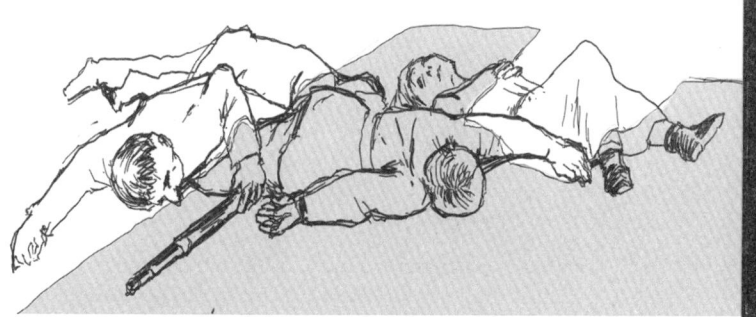

마지막까지 정부군에 항거한 꼬뮌의 중심 세력 18 아롱디쓰망의 본부가 있던 곳이다.

이런 곳에 보수의 상징을 짓겠다고?

기베르 대주교는 적극 부인했지만 음모설이 돌았다.

"성당 건설에 어떠한 정치적 의도도 없습니다."

"카톨릭과 보수반동 정부가 짜고 꼬뮌의 발상지를 덮어 역사에서 지우려는 음모다."

1875년 주춧돌을 놓은 후에도 이런 논란은 사그러들지 않았다. 심지어는 수십년이 흘러 완공을 앞두고도 이런 주장을 한 사람들이 있었단다.

"싸크레 꿰르 앞에 자유의 여신상 같은 큰 조각상을 세워서 성당이 빠리 시민들에게 보이지 않게 하자."

오페라 가르니에 처럼 싸크레 꿰르 대성당도 공모에 붙여졌는데 기베르 대주교의 요구조건이 까다로웠다.

"웅장하되 소박해야 합니다."

"그리고 흰 옷을 입은 순교자의 모습이 떠올라야 합니다."

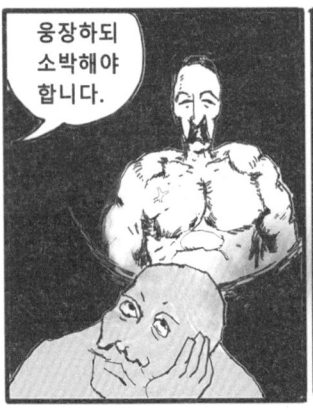

노트르담 성당의 개축에도 관여했던 뽈 아바디가 출품한 로마네스크와 비잔틴 양식의 퓨전 설계가 선정되었으나 그는 몇 년 뒤 죽어버려 성당의 모습을 구경도 못했다.

싸크레 꿰르의 건설을 위하여 전국에서 7백만 프랑을 모금했는데 이 돈을 다 쓸 때까지 성당은 땅위로 한 치도 올라오지 않았다.

부지 밑에서 물이 나와 단단한 지반까지 그 비싼 파일을 여덟 개나 박아야 했다.

Chapter5. 빠리, 새로 짓다

논란 속에서도, 우여곡절 속에서도
성심 대성당 (바실리까 싸크레 꾀르)는 느릿느릿 올라갔다.

1881년에 첫 미사가 봉헌 되었고
1899년에야 중앙 돔이 올려졌다.

1차 세계대전이 유럽을 할퀴고 간 1919년에서야
완공되었다. 기공식 후 44년만의 일이다.

자신이 천재라는 사실도 모르고
화가들의 그림소재를 찍어주면서
연명했던 초기의 사진가
외진 아뜨제가 몽마르트르 뒷골목에서
찍은 싸크레 꾀르의 사진이 남아있다.
1900년 작품이니 돔이 올라간
직후이다.

하긴 뭐 그리 오래 걸렸다고
할 수만도 없겠다.
가우디의 성당으로 알려진
바르셀로나의 성가족 대성당
(Familia Sagrada)은
1882년에 시작해서 아직도
공사중이니까.

싸크레 꿰르에는 두 인물의 기마상이 서있다.
정면을 마주보고 왼쪽이 루이 9세,
오른쪽이 잔다르크이다.
루이 9세는 프랑스의 국왕 중 유일하게
성인의 칭호를 받은 인물이라
쌩 루이 (Saint Louis)로 더 잘 알려져있다.
그는 7차, 8차 십자군 원정대를 이끈 인물로서
미국의 세인트 루이스도 그의 이름을 딴 것이다.
루이 9세와 잔다르크는 프랑스의 위인들 중
가장 카톨릭 신앙이 깊은 인물들일 것이다.
그리고 둘 다 성인으로 추대되었다는
공통점이 있다.

이들은 몽마르트르 꼭대기에서
빠리 시내를 내려다 보고 있다.

그 논란이 많던 몽마르트르 정상의 그 자리이다.
바로 아래 기슭에는 물랭 루즈를 비롯한 속세의
환락가들이 있는 곳이 몽마르트르이다.

관광객들은 시원한 바람을 맞으며
빠리를 조망할 수 있다.
수고를 들여 돔까지 올라가면 360도 파노라마 뷰를
감상할 수도 있다.

하지만 이 자리에 얽힌 논란과 빠리꼬뮌의 역사도
함께 기억하면 더욱 지적인 여행이 될지도 모른다.

꼬뮌의 포대가 있던 곳이 저쯤 아닐까?

Chapter 5. 빠리, 새로 짓다

영화 대부는 현지 마피아 두목에게 부모를 잃은 아홉 살 아이가 혼자서 시칠리아를 탈출하는 장면으로 시작된다.

훗날의 마피아 보스 돈 코를레오네가 되는 이 아이는 아버지 친구의 도움으로 보따리 하나만 들고 미국행 배를 탔는데,

뉴욕항에 도착할 무렵 배 위의 가난한 이탈리아 이민자들이 일제히 무엇인가를 올려다 보는 장면이 있다.

그것은 바로

자유의 여신상

당시에 아메리칸 드림을 좇아서 불안과 설레임을 안고 신대륙으로 건너온 모든 유럽 이민자들에게 미국의 첫인상으로 강렬하게 남았을 이 거대한 조형물은 잘 알려진 대로 프랑스가 만들어 우정의 표시로 미국에 기증한 것이다.

조형물의 디자인과 제작의 주인공은 조각가 바르똘디.

하지만 이 정도의 대형 프로젝트는 혼자 힘으로는 힘든 법. 법학자이며 정치가였던 라불라예라는 조력자가 있었다.

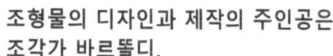

Edouard Rene de Laboulaye (1811~1883)

Frederic Auguste Bartholdi (1834~1904)

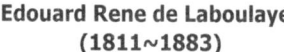

1865년 미국의 남북전쟁이 북군의 승리로 끝났다.

Chapter5. 빠리, 새로 짓다

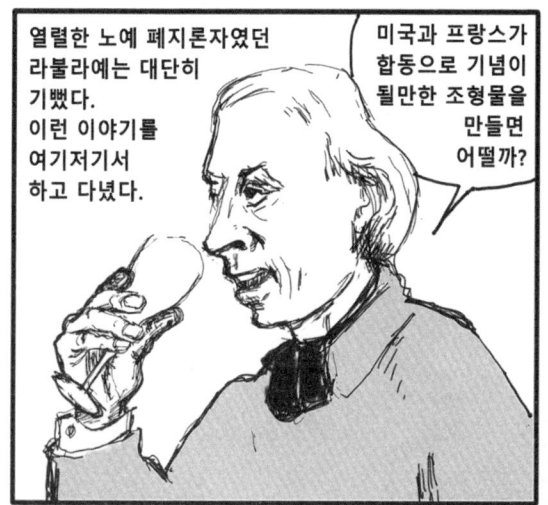

열렬한 노예 폐지론자였던 라불라예는 대단히 기뻤다. 이런 이야기를 여기저기서 하고 다녔다.

미국과 프랑스가 합동으로 기념이 될만한 조형물을 만들면 어떨까?

대형 조각물에 관심이 많던 야심만만한 신예 조각가 바르똘디도 이 이야기를 듣게 된다.

멋진 아이디어 아닌가?

그래, 근사한 생각인데?

말씀 중에 죄송합니다만 로드섬의 거상 같은 걸 생각하시는 겁니까?

로드섬의 거상(**Colossus of Rhodes**)은 기원전 280년에 그리스의 로드섬에 세워진 거상인데 높이가 33미터로 추정되며 세계7대 불가사의 중 하나다.

공교롭게도 이들이 합작한 자유의 여신상도 횃불을 제외한 머리에서 발까지의 높이가 34미터로 비슷하다.

50대의 정치가 라불라예와 30대의 조각가 바르똘디는 의기투합했다.

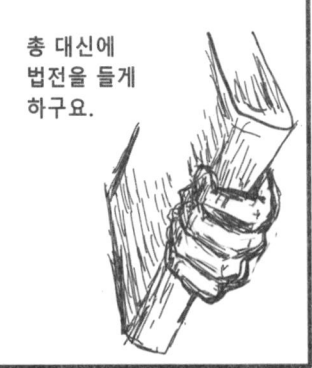

Chapter5. 빠리, 새로 짓다

대강 이런 모습이 되겠는데요.

저 투구는 좀 호전적으로 보이는데? 다른 걸로 바꿔야 할 것 같아.

그리고 저렇게 젖가슴이 드러나야 되나? 좀 민망한 걸.

그럼 좀 더 가릴까요?

이제 이름을 정해야 할 것 같은데요.

횃불을 들고 있으니까 세계를 밝히는 자유의 여신상, 이 정도가 어떨까?

'세계를 밝히는 자유의 여신'
Liberty Enlightening the World
이것이 우리가 흔히 자유의 여신상으로 부르는 이 작품의 공식 명칭이다.

위치는 맨해턴 남쪽의 베드로 아일랜드가 알맞아 보였다.

당시 유럽에서 미국으로 향하는 이민자의 대부분은 엘리스 아일랜드의 이민수속국을 거치게 되어있었으므로 베드로 아일랜드에 자유의 여신상을 세운다면 모든 이민자들은 프랑스의 선물인 자유의 여신상에서 강렬한 인상을 받을 것이다. 영화 대부에서처럼.

그 뿐 아니라 뉴욕으로 입항하는 모든 선박은 베드로 아일랜드 근처를 지날 수 밖에 없었다. 광고판을 건다 해도 이보다 좋은 장소가 없었을 것이다.

하지만 기획 단계에서 시간이 너무 흘러 미국독립 100주년에 여신상을 완공하는 것은 물 건너 간 일이 되고 말았다.

그 대신 독립 100주년을 기념하는 1876년 필라델피아 세계박람회 끝물에 횃불 든 팔 하나를 간신히 도착시켜 전시할 수 있었는데,

그게 꽤 인기를 끌어 박람회가 끝난 후에 뉴욕의 메디슨 스퀘어 파크로 옮겨서 몇년간 상설 전시를 하였다.

1878년 빠리 세계박람회 때는 머리 부분을 먼저 만들어 전시하기도 했다.
바르똘디는 대단한 수완가였다.
이벤트마다 입장료를 받고 모형도 팔아서 순조롭게 자금을 조달했다.

Chapter 5. 빠리, 새로 짓다

하지만 프랑스의 여신상 완공 날짜가 다 되도록 미국 측의 자금 조달은 지지부진했다.

동상을 올려놓을 기단 건설에 26만불 정도가 필요했는데 뉴욕 주지사는 주 예산에서 지원하길 거부했고 모금액은 10만불이나 부족했다. 지금 가치로 30억원 정도라지.

Joseph Pulitzer (1847~1911)

이때 팔을 걷어부치고 나선 사나이가 퓰리처상의 창시자 죠셉 퓰리처다.
그 자신 이민 1세로서 아메리칸 드림의 대표적 인물이다.
헝가리에서 꽤 유복한 어린 시절을 보냈으나 부친이 사망한 후 집안이 몰락하여 어린 나이에 돈을 벌기 위해 유럽 이 나라 저 나라의 군대에서 복무했다.
당시 제국주의 시대에 용병의 일자리 수요만은 풍부했으니까.
그러다 열일곱의 나이에 미국행 배를 탔는데,

미국으로 건너와 남북전쟁에서 북군의 기병대로 참전하였다. 프러시아 측 관전무관으로 참가했던 그 셔리단 장군의 휘하였다.

이 군대 경력을 바탕으로 정치에 입문하게 되고 금수저 출신 랜돌프 허스트와 치열한 발행부수 경쟁을 하는 신문재벌로 성장하게 된다.
이들의 선정적 기사 경쟁이 소위 황색 저널리즘을 탄생시켰고.

퓰리처는 자신의 신문을 통해 사회 밑바닥까지 참여시키는 저인망 전략을 동원했다.

주정부에서 도와주지 않으니 우리 시민들의 힘으로 10만달러를 모아야 합니다.
캘리포니아 주에 자유의 여신상을 세우면 자기들이 자금을 대겠다고 합니다.
뉴욕 시민 여러분, 전통도 없는 서부 지역에 이 중요한 기념상을 뺏길 수 있겠습니까?
기부해주시면 아무리 작은 금액이라도 저희 신문에 이름을 실어드리겠습니다,

여기 어린 소녀가 달콤한 캔디의 유혹을 참고 모은 돈 60센트를 기증했습니다.

브루클린에 사는 외롭고 나이 든 낸시 부인께서 나라를 사랑하는 마음으로 1달러를 선뜻 내놓으셨습니다.

이름을 밝히지 않는 맨하탄에서 구두를 닦는 소년이 자기가 먹을 것도 없으면서 5센트를 기부했습니다.

우리도 동참해야 되지 않겠나?

1년 동안 캠페인을 벌여 목표 10만 달러를 달성했는데 참여한 기부자의 수가 무려 16만명이었다고 한다. 인당 평균 60센트를 기부한 셈인데 지금 가치로 따져도 2만원이 안되는 금액이었다.

요즈음 말하는
스토리 마케팅 (Storytelling Marketing)에
크라우드 펀딩(Crowdfunding)의
원조였다고나 할까.

Chapter5. 빠리, 새로 짓다

대서양 건너 빠리에서는 매일마다 조금씩 지붕 위로 올라가는 여신상의 광경이 시민들의 볼거리였다. 샤젤르가 25번지에서 조립 작업을 했는데

가르니에 오페라 극장에서도 걸어서 20분도 안 걸리는 시내였지만 당시에는 넓은 공터가 있어서 자재를 쌓아두고 작업을 할 수 있었단다.

빅또르 위고도 이곳에 와서 한참을 구경하다가 이런 말을 남겼다고 한다.

"눈에 보이는 모습이란 전부이기도 하고 아무 것도 아니기도 하다. 생각이 깃들여 있으면 전부이지만 영혼이 없으면 아무 것도 아니다."

언뜻 들어서 무슨 말인지 잘 모르겠는데 몇 번 읽으면 알 것도 같다.

자유의 여신상을 칭찬한 말이라고 한다.

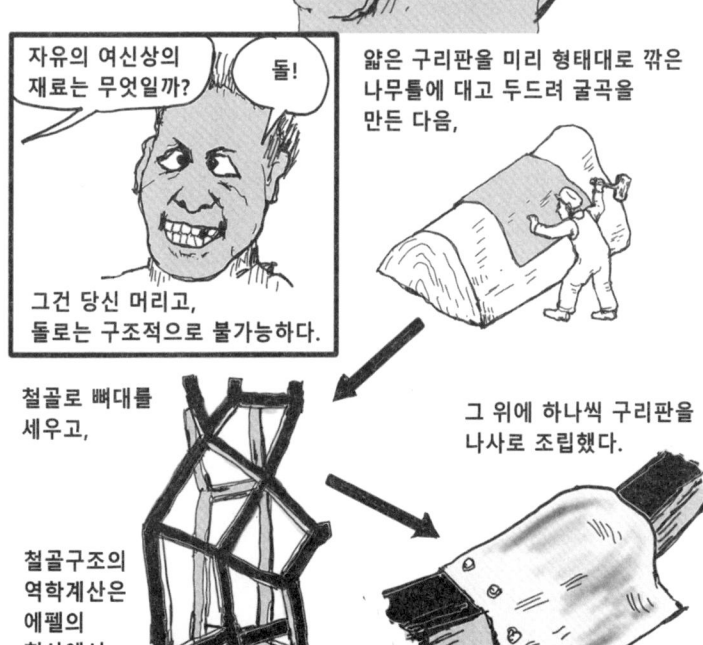

자유의 여신상의 재료는 무엇일까?

돌!

그건 당신 머리고, 돌로는 구조적으로 불가능하다.

철골로 뼈대를 세우고,

철골구조의 역학계산은 에펠의 회사에서 지원했단다.

얇은 구리판을 미리 형태로 깎은 나무틀에 대고 두드려 굴곡을 만든 다음,

그 위에 하나씩 구리판을 나사로 조립했다.

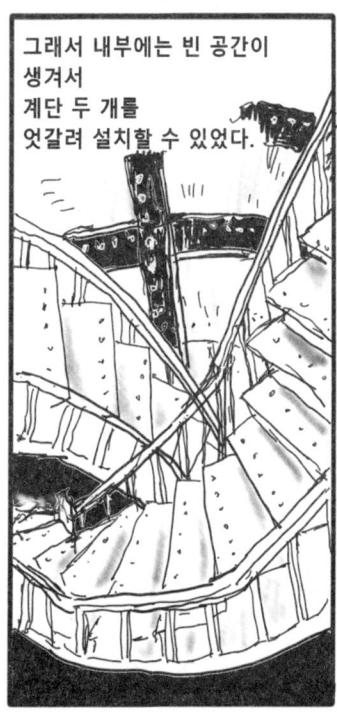

그래서 내부에는 빈 공간이 생겨서 계단 두 개를 엇갈려 설치할 수 있었다.

1884년 프랑스 대혁명 기념일에 미국 대사를
초청하여 정식으로 여신상을 양도하였다.
이때 라불라예는 이미 죽고 없었고 바르똘디도
50대의 초로에 접어든 나이가 되어있었다.

다시 여신상을 350개의 조각으로 분해하고
214개의 상자에 나눠 실은 후 대서양을 건너
1885년 6월에 뉴욕항에 입항한다.

1년 동안 현지에서 재조립을 했다.
좁은 기단 위에 비계를 세우기가 어려워
꽤 위험한 작업이었다.
그러나 한 사람도 추락하지
않았는데 당시 기술로 볼 때
엄청난 행운이었다고
한다.

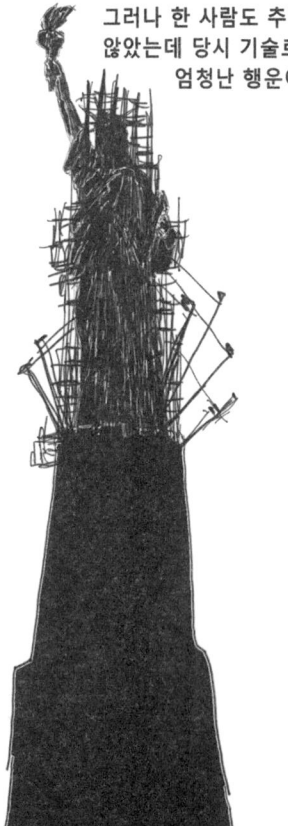

드디어...
1886년 11월 1일 완공된 자유의 여신상이 공개되었다.
라불라예와 바르똘디의 머리 속에 있던 프로젝트가
20년만에 현실로 이루어져 뉴욕 앞바다에 나타난 것이다.

Chapter5. 빠리, 새로 짓다

지면에서 횃불까지 93미터
동상 발에서 횃불까지 46미터
동상 발에서 머리까지 34미터

이 조형물을 짓느라고
한 사나이는 장년의
황금기를 바쳤고
한 사나이는
여생을 바쳤고
끼니를 걱정하는
구두 닦는 아이의
푼돈까지
거둬들였다.

우리는 이따금 과거에 지어진 대단한 건축물 앞에 서서 이런 질문을 하게 된다.

우와! 대단한데!

헌데 이런 화려한 건물을 뭐하러 지은거야? 그 엄청난 돈과 시간으로 가난한 사람들을 돕는 편이 낫지 않나?

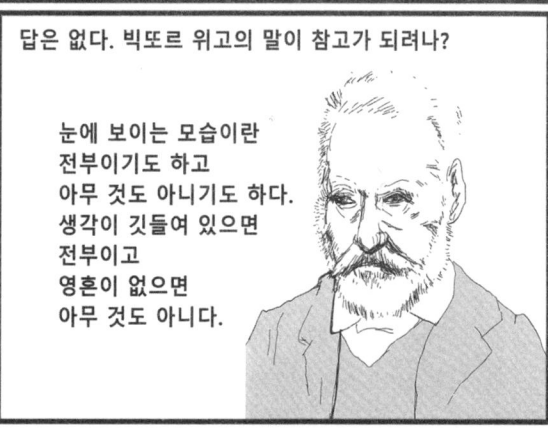

답은 없다. 빅또르 위고의 말이 참고가 되려나?

눈에 보이는 모습이란
전부이기도 하고
아무 것도 아니기도 하다.
생각이 깃들여 있으면
전부이고
영혼이 없으면
아무 것도 아니다.

………

…………

빠리의 빵떼옹은 벨르 에뽀끄에 지어진 건축물이 아니다. 이미 지난 세기의 말엽에 완공되어 라땡 지구의 그 자리에 서있었다. 그럼에도 벨르 에뽀끄의 역사를 이야기 하면서 굳이 꺼내든 이유는 이 건축물이 지닌 기구한 팔자 때문이며 그 기구한 사연이 벨르 에뽀끄의 역사와 무관하지 않기 때문이다.

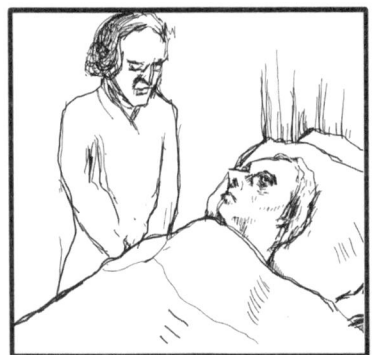

부르봉 왕조가 아직 잘 나가던 시절, 루이 15세가 병이 들었다. 의사들의 치료에도 불구하고 병세가 악화될 뿐이었다.

이대로 죽을지도 모른다는 생각이 들자 성녀 제느비에브에게 간절한 마음으로 기도를 올렸다.

그리고 기도 중에 이런 약속을 했겠지. 이번에 병을 낫게만 해주신다면 낡은 성 제느비에브 수도원을 대신하여 제느비에브 성녀의 이름에 걸맞는 근사한 성당을 지어서 바치겠노라고.

그런데 제느비에브 성녀가 누구길래 하고 많은 성인들을 다 제쳐두고 왜 하필 제느비에브 성녀에게 병을 낫게 해달라고 빌었을까?

Chapter5. 빠리, 새로 짓다

451년도에 동유럽을 점령하고 있던 훈노족 아틸라
(Attila the Hun)가 프랑스로 진격해왔다.
아틸라는 유럽인들에게는 그야말로 공포의 대명사이다.
오죽하면 천수백년이 지난 지금도 아이들이 울고 보채면 아틸라가
온다고 얼르겠는가.

그의 군대는 강했고
저항한 적에 대한 처형은 잔인했다.
이런 식의 판화가 많이 그려졌는데 이게
유럽인들의 아틸라에 대한 인상이다.

빠리 주민들은 공포에 빠졌겠지.
이때 제느비에브 수녀가 나타나 철야기도를 이끌었다.

겁내실 필요 없습니다.
저와 함께 하느님께
기도합시다.

기도 덕분이었는지
아틸라는 진로를 바꾸어 빠리 대신 오를레앙을 공격했다고 한다.

이런 이유로 죽은 후 빠리 수호성인이
되었는데,
12세기에 빠리에 역병이 돌았을 때도
제느비에브 성녀의 유해함을 메고
시내를 행진한 후 역병이 물러갔다고
한다.

루이 15세가 병을 낫게 해달라고
제느비에브 성녀에게 기도한 것은
이런 병에 대한 그녀의 기적이
있었기 때문이다.

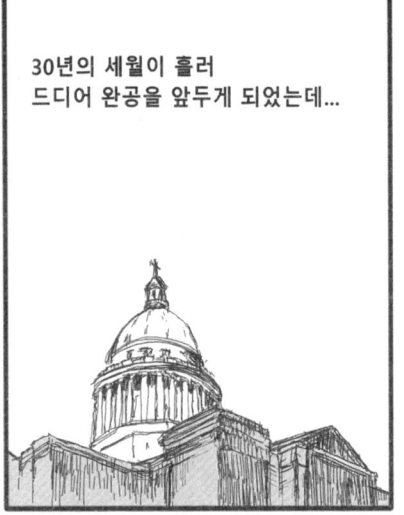

Chapter5. 빠리, 새로 짓다

저기 고딕식 창문들은 너무 성당 느낌이 나니 막아버리시오.

이래서 빵떼옹에는 창문이 없다.
입구에는 번쩍 번쩍하는 금장을 입혀 이런 간판을 달았다.

AUX GRANDS HOMMES LA PATRIE RECONNAISSANTE
조국이 인정하는 위인들을 위하여

빵떼옹이란
Pan (두루두루, 모든)과 Theo(신)이 합쳐져서 만들어진 말이니 만신전, 이 정도로 풀이하면 될까?
유일신 사상인 카톨릭을 욕보이려는 의도가 숨어있다.

PANTHEON
=
PAN+THEO(N)

만신전으로서 판테온(빵떼옹)의 원조는 로마에 있는데,

석고 데생 좀 해본 사람이면 낯이 익을 이 사람, 아그리파 장군이 로마 총독일 때 처음 지었다.

빠리의 빵떼옹이 지어지기 천년 하고도 수백년 전의 일이다.

빠리의 빵떼옹이 성당으로 지어졌다가 지금은 국립 묘지로 쓰이는 반면에
로마의 판테온은 만신전으로 지어졌다가 지금은 성당으로 쓰인다는 사실.
아이로니칼 하지 않은가?

국립묘지 빵떼옹의 첫번째 손님은 혁명의회 의장이던 오노레 미라보였다. 그는 원래 귀족 출신이나 입헌군주제를 주장한 사람으로서 대혁명 발발 후 2년만에 자연사 하였는데 더 살았으면 길로틴 신세를 졌을지도 모르는 일이다.

첫번째 손님인 그를 위하여 이렇게 멋진 조각상까지 만들어 주었다.

하지만 보수주의자 루이 필립이 정권을 잡자 빵떼옹은 다시 카톨릭 성당으로 바뀐다.

위대한 프랑스의 전통을 되살리는 나, 루이필립이야.

이후에도 정권이 바뀔 때마다 성당, 묘지, 묘지 겸 성당을 오락가락 했다.

어이, 그 간판 다시 붙이라는데.

빵떼옹은 푸코의 추가 처음 설치된 건물로도 유명하다. 1851년 물리학자 푸코는 지구의 자전을 증명할 수 있는 67미터 길이의 추를 빵떼옹의 거대한 돔 천장에 매달아 대중들에게 공개했다.

Foucault Pendulum

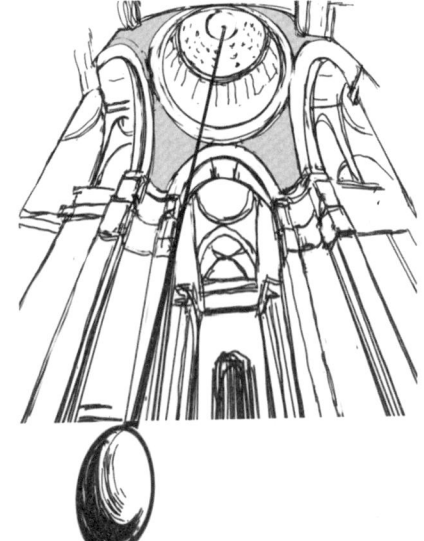

추는 제 갈 길을 왔다갔다 하는데 지구가 하루에 한 바퀴를 돌고 있으니 추의 궤적이 하루에 360도 돌아가겠지.
사실은 북극에서는 정확히 24시간만에 한바퀴 돌지만 빠리에서는 31시간에 한 바퀴, 적도에 가면 계속 같은 궤적을 유지한다.

요즈음 큰 천문대에 가보면 대개 다 설치되어 있다.

Chapter5. 빠리, 새로 짓다

1885년 5월 22일 빅또르 위고가 죽었다.
위고는 장교였던 아버지가 근무지를
떠도는 동안 어머니의 영향과 교육을
받으며 자랐다.

열렬한 카톨릭이던 어머니로부터
모태신앙을 물려 받았으나 혁명을
겪으면서 카톨릭을 떠나게 되었다.

성직자들의 성사는 거절하겠소.
다만 일반 국민들이 제 영혼을
위하여 기도해 준다면 기꺼이
받아들이겠습니다.

역사상 위고 만큼
프랑스 국민들의 사랑을
받은 문학가가 있었을까?

그러나 그의 가정사는
행복과 거리가 멀었다.

어려서 알게된 첫사랑과 결혼을 했다.
이 결혼을 반대한 어머니가 죽고나서였다.
첫 아들은 낳은지 1년만에 죽었다.
영아사망이 흔하던 때이니 이건 그렇다 치자.

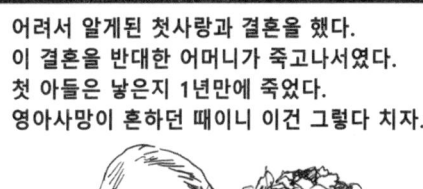

이후로 네 자녀를 가졌는데
첫딸 레오폴딘을 끔찍이
아꼈다.

그 레오폴딘이 신혼 6개월만에 세느강에서 보트가
뒤집혀 자신을 구하려던 남편과 함께 죽고 말았다.
그녀의 나이 열아홉이었다.

위고는 이 비극적인 소식을 남부의 어느 소도시에서 신문을 보고 알게 되었다. 내연녀와 함께 여행 중이었다고 한다.

위고는 죽을 때까지 이때의 충격을 극복하지 못했다.

아들 둘이 모두 위고보다 먼저 죽었다.

오직 막내딸 아델르만이 위고보다 오래 살았는데 그녀 마저 위고의 장례식에 참석할 수 없었다.
정신병에 걸린 상태에서 아주 멀리 있었기 때문이다.
그녀의 슬픈 사랑 이야기는 유명하다.
프랑소아 트뤼포 감독이 영화로도 만들었다.

Adele Hugo (1830~1915)

빅또르 위고가 나폴레옹 3세에 저항하여 영국으로 망명을 떠난 이야기는 한 적이 있다.
이때 아델르는 알버트 핀슨이라는 영국 장교와 데이트를 하기 시작했단다.
핀슨이 아델르에게 청혼했지만 어떤 이유에선지 그녀는 거절했다. 여기서 끝났으면 좋았으련만.

Chapter5. 빠리, 새로 짓다

아델르가 마음을 바꿔 핀슨을 찾아갔으나 그의 마음은 이미 떠나있었다. 그로서는 진지한 사랑은 아니었나보다. 여기서부터 비극이 시작되었다. 핀슨이 옮긴 근무지를 보면 당시 대영제국의 군인들이 세계 곳곳을 누비고 다녔다는 것을 알 수 있다. 그걸 아델르는 지구 끝까지 쫓아다녔다.

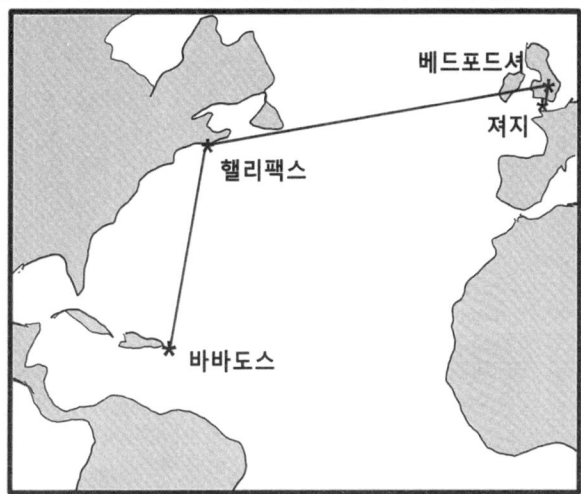

정신병이라고 할 수 밖에 없는 집착이었다.
이성 사이에 어느 한 쪽이 일방적으로 집착하면 다른 한 쪽은 오히려 더 멀어지는 법. 그래도 이 사내 너무 매정했다. 연고라고는 없는 바바도스에 아델르를 혼자 남겨두고 도망치듯 떠나버렸다.

이때쯤 가족과의 연락도 끊어져 있었다. 홀로 남은 아델르는 신문을 보고서야 아버지의 죽음을 알게되었고 신세를 지고 있던 현지인 집주인에게 성당에 가서 아버지의 영혼을 위한 연미사를 신청해줄 것을 부탁했다.

저, 마담 핀슨이에요.

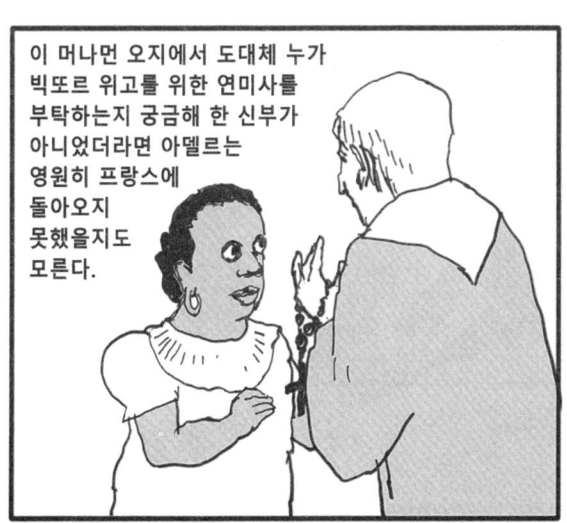

이 머나먼 오지에서 도대체 누가 빅또르 위고를 위한 연미사를 부탁하는지 궁금해 한 신부가 아니었더라면 아델르는 영원히 프랑스에 돌아오지 못했을지도 모른다.

그녀는 프랑스로 돌아왔으나 평생 정신병원을 전전하다가 85세에 쓸쓸히 눈을 감았다.

하늘은 위고에게 왜 이런 비극을 겪게 한 것일까?
위대한 재능에 대한 댓가였을까?
어릴 때 열심히 믿던 모태신앙으로 돌아오지 않은 것이 괘씸해서였을까?

본론으로 돌아가서,
위고는 빵떼옹을 혐오했다. 어깨에 힘이 잔뜩 들어간 그런 건물이 아닌 뻬르 라셰즈에 묻히길 원했다.

성 베드로 대성당 (로마)

빵떼옹은 베드로 성당을 본뜬 짝퉁일 뿐이오.
내가 죽으면 싸구려 관에 넣어 가난한 사람들과 함께 묻어주시오.

그러나 프랑스 국민들은 그를 그렇게 보낼 수 없었다.
개선문에 검은 만장을 걸어 노제를 지낸 뒤 빵떼옹으로 향했다.

수십년 전 나폴레옹의 유해를 앵발리드에 안장한 이후, 최대의 장례식이었다.
위고의 장례행렬에 참가한 인파는 50만이라고도 하고 백만이라고도 하고 2백만이라고도 한다.
하지만 가족으로는 손자 두 명만이 장례행렬에 참가했다.

나머지는 죽거나 행방불명이었으니까.

Chapter5. 빠리, 새로 짓다

프랑스 최고의 문학상인 공꾸르상의
설립자 에드몽 드 공꾸르는
빅또르 위고를
이렇게
평했다.

"대단한 천재이며 대단한 괴물."

공꾸르의 말대로 위고는 르네상스적 천재였다.
글 솜씨 뿐 아니라
그림도 아마추어의
경지를 넘어섰다.
평생 약자의 편에
서서 신념을
지키고자 했다.
그러나 지나치게
자기중심적이고
자아도취가 심했다.

특히 가정사의 불행을 겪을수록
여자에 대한 집착이 심해져
끝도 없이 여자를 쫓아다녔다.

유부녀, 창녀, 여배우, 여성 팬,
나이도 직업도 가리지 않았다.
심지어 여성 편력을 자기만
알아볼 수 있는 암호로
기록해둘 정도였다.

속물스러움과 위대함을 오락가락한
빅또르 위고라는 천재도
결국 그 시대의 산물이었는지 모른다.

성과 속을 오간 빵떼옹의 기구한 운명도
크게 다르지 아니 할 것이다.

빵떼옹식 권위를 혐오한 위고가
빵떼옹에 묻히게 된 것을 보면
말없는 건축물에도
그 시대의 발언권이
있나보다.

벨르 에뽀끄가 모두에게 꿈 같은 시대가 아니었을지라도 미래에 대한 낙관으로 가득찬 시대였고 기꺼이 새로운 것들을 추구하고자 한 변화의 시대였음은 확실하다.

이런 낙관과 변화의 상징이 유럽과 미국의 대도시를 돌아가며 개최한 세계박람회였다.

이전까지 구경도 못해본 새로운 발명품들이 선을 보여 세계는 과연 발전하고 있구나 하는 생각이 절로 들었겠지.

구경꾼들의 호기심을 자극하고 이목을 끌려다 보니 이런 야만적인 전시도 있었다.

별난 인종 전시회

구미의 열강들은 앞다투어 행사를 유치하고 상상을 초월하는 구조물이나 발명품을 출품해서 국력을 뽐내느라 경쟁이 치열했지.

Chapter5. 빠리, 새로 짓다

1893년의 시카고 박람회에 조선도 처음 참가했다.
한 귀퉁이에 기념품 가게 같은 전시관을 차려 도자기, 활, 가마, 이런 걸 출품했는데 꽤 관심을 끌었단다.

그때 전시품들을 회수하는데 비용이 만만치 않아 현지 박물관에 기증하고 와서 지금도 시카고 근처 어딘가에 남아있다던데?

빠리는 프랑스 대혁명 100주년을 기념해서 또 한 차례의 세계박람회를 유치했는데,

1855 1867 1878 1889

이런 생각을 꺼낸 자가 있었다.

박람회장 입구를 그냥 평범하게 할게 아니라 엄청 높은 탑을 세우면 어떨까?

얼마나 높게 할려구?

이왕 하는거, 천피트 정도?

그게 가능해?

300미터 높이의 탑이라...
일찌기 시도해 본 적이 없던 높이이다.
하지만 때는 벨르 에뽀끄,
해본 적 없는 새로운 일도 과감하게
추진하는 게 이 시대의 장점이
아니던가.
어느 엔지니어링 회사의 직원들이
이 아이디어를 듣고 안을 만들어
사장에게 올렸다.

전체를 철골 구조물로 하고 이렇게 여러 단으로 쌓아서 위로 올라 가면서 만나게 하는거죠.

이 회사의 사장이 바로 에펠이었다.
구스타브 에펠은 부다페스트역, 마리아 피나 철교, 자유의 여신상 뼈대 제작 등으로 이미 이름이 알려진 엔지니어였다.

에펠의 직원들이 내놓은 안의 가장 획기적인 점은 전체를 철골구조로 제작한다는 점인데 이 회사가 철골구조를 여러 프로젝트에 적용해 보았기 때문에 그런 발상이 나올 수 있었다.

그러나 바로 이 점 때문에 많은 앞으로 저항에 부딪히게 되기도 한다.

Gustave Eiffel (1832~1923)

그런데 강력한 경쟁자가 있었다.

쥘 부르데
(1835~1915)

Palais Trocadero

그는 1878년에 열린 직전 빠리 세계박람회에서 빨레 트로까데로 프로젝트를 수행한 경력이 있었다. 빨레는 궁전이라는 뜻. 하지만 왕궁으로 사용된 건 아니고 박람회 기간 중 연회나 회의장으로 쓸 용도였다. 트로까데로는 나폴레옹 군대가 승리를 거둔 스페인의 지명이다.

궁전에 승전지, 이름에 힘이 잔뜩 들어간게 느껴지는데 건물도 느낌이 그랬나보다.

Chapter5. 빠리, 새로 짓다

이 트로까데로를 장식한 조각들을 보면 당시 유럽 제국주의 국가들이 어떤 생각을 가지고 있었는지 그 단편이 보인다.
빨레 트레까도르에 여섯개 대륙의 여인상들을 늘어놓았다.

이건 아시아 여인 편인데 아마도 일본 여자를 모델로 한 것으로 보인다.
당시 아시아에서 가장 잘 나가고 교류도 빈번했으니까.

그런데 체형은 서양 여자이고 들고 있는 불상은 남방계통이 분명하다.
거기에 코끼리를 깔고 앉아있다. 이렇게 트로까데로에는 프랑스인들이 각색한 육대주의 여인들을 구색을 맞춰 세워놓았다.
'우리는 전세계를 상대하는 나라야!'라고 주장하고 싶었겠지.

1878년 세계박람회 기획상품으로 어깨에 힘이 너무 들어간 이 건물은 빠리 시민들의 사랑을 받지 못했다.
결국 1937년에 철거 당하는 비운을 맞게 된다.

그러면 그 조각상들은 다 어디 갔을까?
버리지는 않았겠지. 여기 저기 떠돌다 지금은 대부분 오르세 미술관 구내에 모여있다.
여섯 대륙의 여인상 뿐 아니라 세계 동물들의 조각도 오르세에서 볼 수 있다.
이 코뿔소 처럼.

어쨌던 쥘 부르데는 전 박람회에서 거창한 프로젝트를 부책임자로서 수행한 프리미엄을 업고 있었는데 그로서는 쇳조각으로 만든 살벌한 구조물이 빠리에 세워진다는 것은 상상도 할 수 없는 일이었다.

돌로 만들어서 우아한 조각을 새겨넣어야 프랑스식이지!

나의 정통 프랑스 디자인을 보시오!

Chapter5. 빠리, 새로 짓다

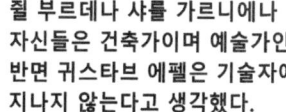

엔지니어 중에도 이런 사람이 있었다.

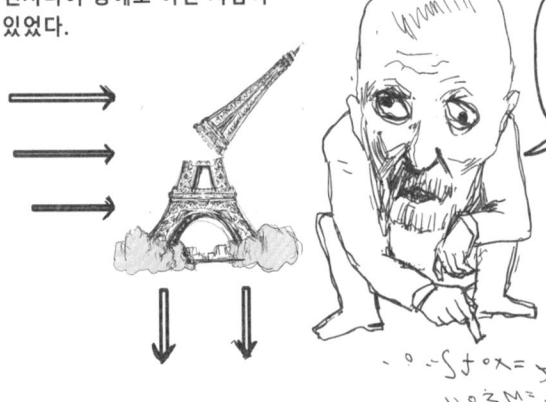

세느 강 주위의 지반과 풍속을 고려할 때 내 계산에 의하면 에펠탑은 10년 안에 무너지게 되어있다.

무언가 새로운 일을 시도할 때 사람들의 저항은 우리가 생각하는 것보다 훨씬 더 완고하고 집요하다.

이 사람이 10년 후에 뭐라고 했는지는 기록에 남아있지 않다.

그러나 300미터 철탑의 건설은 별 어려움 없이 진행되었다. 18,000개의 파트로 쪼개어 공장에서 미리 만들어 와 현장에서는 조립만 했다. 요즘 말하는 프리팹(Prefab) 공법이었던 셈이지.

공사시간은 2년 2개월 밖에 걸리지 않았다. 당시로서는 입이 딱 벌어지도록 놀라운 스피드였다.

여기서 퀴즈 하나. 철구조물 업계에서 신입사원 교육 시킬 때 감을 갖게 하려고 써먹는 퀴즈인데, 에펠탑의 무게는 얼마나 될까?

정답은 7,000톤

의외로 난제는 엘리베이터의 설치였다. 엘리베이터라는게 당시엔 첨단기술이었는데, 바닥에서 1층 (우리가 말하는 2층)은 직선으로 오르내리는 구조여서 별문제가 없었으나,

Top
2층
1층 (우리식으론 2층)
Street Floor (Rez-de-chaussee)

2층으로 올라갈 때 곡선으로 꺾이는 부분이 있어 프랑스 업체들은 전부 포기했으나 미국 업체인 O사가 용감하게 손을 들고 수주하였다. 이 회사는 지금도 에펠탑 수주를 선전에 이용하고 있다.

Chapter5. 빠리, 새로 짓다

에펠탑의 엘레베이터에 얽힌 이야기 하나 더.
1940년에 빠리는 다시 한 번 독일군에 점령 당했다.

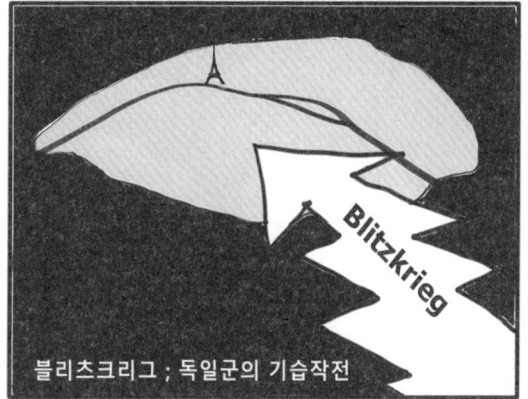

블리츠크리그 ; 독일군의 기습작전

비록 또 당했으나 히틀러가 의기양양하게 에펠탑에 올라가 빠리 시내를 내려다보게 놔둘 수는 없었다.

레지스땅들이 히틀러가 방문하기 전 밤사이에 엘레베이터 케이블을 끊어놓았다.

덕분에
다리에 문제가 있던 히틀러는 계단으로 오르지 못하고 이렇게 안개 낀 에펠탑 아래서 수학여행 학생들이나 찍을 법한 사진만 남겨놓았다.

1944년 여름 히틀러는
패전을 예감하고
빠리 점령 사령관이던
디트리히 폰 콜티츠 장군에게
에펠탑을 비롯한 빠리의
모든 문화재들을 파괴하라고
명령했으나
콜티츠는 이 명령에
불복종했다.

이 일 때문에 그는 빠리를 구한 사나이로
유명해졌고
'지금 빠리는 불타고 있는가?'라는
영화로도 만들어진다.
(허구라고 주장하는 프랑스 학자들도 있다.)

Dietrich von Choltitz
(1894~1966)

빠리시와 에펠은 요즘 말로 하자면 B-O-T계약을 했다.
민간업체(에펠)가 투자하여 건설하고 (Build),
계약기간 동안 운영하면서 (Operate) 수익을 올린 후,
정부에 소유권을 넘겨주는 (Transfer) 계약인데,

요즘 많은 도로들이 이런 BOT방식으로 운영된다.

에펠탑은 1889년 빠리 세계박람회의
주행사장인 샹드마스의 대문 역할을 했는데,

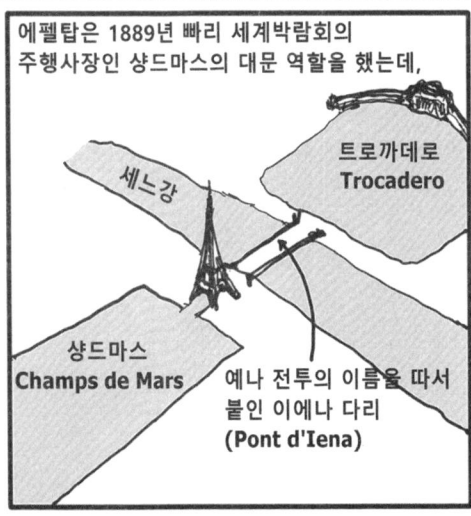

박람회 기간에만 190만명이
에펠탑에 올라가는
티켓을 샀다.

입장 티켓과 부대수입으로 1년만에 투자원금이 다 회수되었다.
에펠이 빠리 시정부와 맺은 BOT 계약기간은 20년.
그러니 나머지 19년 동안은 운영경비만 제외하면 몽땅 순이익이었겠지.

빠리시는 원래 BOT 기간만 끝나면 철거하려고 했었단다. 그런데 이제는 빠리를 상징하는 랜드마크가 되어
긴 줄로 늘어선 관광객들이 1년에 입장료로만 900억원을 빠리시에 벌어주고 있다.

Chapter5. 빠리, 새로 짓다

이제 에펠탑이 없는 빠리의 풍경은 생각하기도 어렵게 되어버렸다.

모든 예술적인 건축물은 돌과 그 위에 새긴 정교한 장식들이 있어야만 한다는
기성관념을 뒤집은 조형물.
19세기말에 20세기를 당겨온 듯 모든 장식을 배제한 기능적 디자인.
베시머 공법 이후 열린 진정한 철기시대의 도래를 몸으로 선포하고 있는 기념비.
7,000톤의 쇳조각으로 만들어진 300미터 탑이 주는 메시지는 다양하다.

그럼 300명이나 모여 서명한 문화계 엘리트들은 다 틀린건가?
역시 답은 없다.
다만 새로운 것의 시도를 막아설 때는 훨씬 많은 고민을 해야겠다는 생각이 든다.

Chapter 6

사쿠라 피다

메이지유신 이야기

중국의 유교(주자학)는 도쿠가와 막부에 해악을 끼쳤다.
하지만 그 해악이 일본의 경우에는 피부 정도였지만
이씨조선에는 골수까지 침투해 있었다.
-시바 료타로, '메이지라는 국가'

1872년 12월 아직 프러시아 전쟁과 꼬뮌의 상처가 그대로 남아있는
빠리에 100명은 족히 되어보이는 동양인들이 나타났다.

이들은 똑같은 실크햇에 양복을 입고 있어 마치 유니폼을
맞춘 듯 촌스러워 보였지만 눈동자만은 초롱초롱했다.

빠리에서 아돌프 띠에르 대통령이 이들을 접견했고
베르사이유 궁전에서 열린 신년 하례파티에도 초청했다.

기도 다카요시

오쿠보 도시미치

이들은 다름아닌
이와쿠라 도모미를 단장으로 하는 대규모의
일본인 사절단이었다.
이와쿠라 사절단은 관료가 반,
학생과 민간인들이 반 정도로 구성되었는데
소위 유신3걸이라고 일컬어지던
기도 다카요시, 오쿠보 도시미치도 끼어있어
만만한 사절단이 아니었다.
우리에게 잘 알려진 이토 히로부미도
이때 실무자로 따라가 수행하고 있었다.

메이지 정부의 핵심 권력자들을 포함한 이 사절단은 요코하마를 떠나 미국과 유럽지역을 무려 2년 가까운
시간동안 여행했다. 어린 학생들을 현지에서 유학을 하도록 도시마다 남겨두었고 어른들은 자신이 책임진
분야의 사람들을 만나서 끝없는 질문들을 퍼부었다.

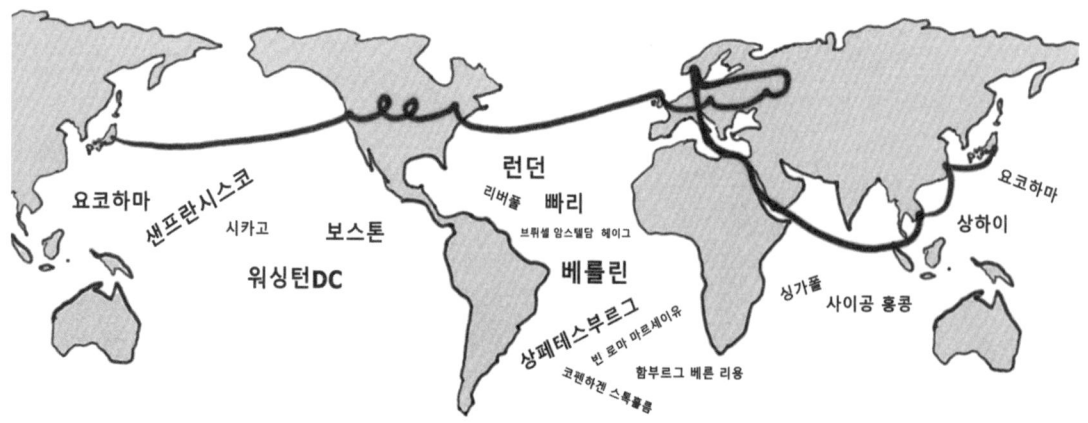

Chapter6. 사쿠라 피다

단장 이와쿠라 도모미는 메이지 유신이 일어나기 전
쿄토에서 천황을 받들던 공경이었다.
막부 말기에 에도의 도쿠가와 막부에 대해서 대략
세가지 입장이 있었는데
첫째, 지난 200년 처럼 막부가 정권을 쥐고 일본을 통치하도록
도와야 한다는 좌막(사바쿠),
둘째, 막부를 무너뜨리고 천황중심의 정부를 세워야 한다는
토막(도바쿠),
마지막으로 막부와 천황의 조정이 협력해서 함께 일본을
끌어가자는 공무합체(코부갓타이).
대부분의 공경들이 눈치를 살피고 있을 때
이와쿠라 도모미는 강력하게 토막을 주장했다.
그리고 유신 후 우대신에 임명되어 오쿠보 도시미치의
과격한 개혁 드라이브를 적극적으로 후원한 인물이다.

이와쿠라 도모미
(1825~1883)

이와쿠라는 일본을 떠날 때 혼자만
상투를 틀고 있었는데 미국에서
유학중이던 아들을 만났다.

아빠 혼자 뭐예요?
나처럼 하이카라
하세요.

이놈아, 상투는 일본인의
영혼이야.

자식 이기는 부모 없다.
시카고에서 머리를 자르고
프랑스에 도착할 때는 이렇게
나타났다.

우리나라의 의원들처럼 대사관이나 진출기업의 주재원들한테
대접 받으며 관광지 중심의 일정으로 유람이나 다니다가
보좌관들이 출장보고서 대신 써주는 그런 시찰단이 아니었다.

눈에 불을 켜고 질문하고 메모하며 하나라도
더 배우려고 했다.
일본을 떠나면서 이와쿠라 사절단은 분명한
목적을 가지고 나왔다.

하아~ 소오까?
나루호도,
나루호도.

첫째, 새로 탄생한 메이지 정부의
　　　정통성을 홍보하고,
둘째, 이전에 서구 열강과 맺은
　　　불평등조약의 개정 가능성을
　　　타진할 것.

그런데 그것보다 더 중요한 게
있었으니
앞으로 일본이 근대화를 하려면
무엇을 해야할지 구체적인 조사를
해오라는 것이었다.

이제부터 시간을 되돌려
이 사절단이 태평양과 대서양을
건너게 될 때까지 일본에서 벌어진 사건을
이야기하려고 한다.

이름하여 메이지유신.

1868년 유라시아 대륙의 동쪽 끄트머리에 붙은
일본 열도에서 일어난 메이지유신은
그 후 우리나라에 미친 후유증을 생각하면
씁쓸하지만
객관적으로 볼 때 대단히 흥미로운
성공 스토리임에 틀림이 없다.

현대 일본인들의 입장에서는 돌아볼수록
입가에 미소를 떠올리게 하는
자랑스럽고 그리운 시대인 것이다.

일본의 라 벨르 에뽀끄라고 할까.

Chapter6. 사쿠라 피다

그래서 메이지유신부터 청일전쟁, 러일전쟁에 이르기까지의 스토리는 드라마로, 소설로, 영화로, 심지어는 만화와 게임으로까지 끝없이 만들어지고 있다.

이 시기까지는 일본인들이 역경을 이기고 자랑스런 역사를 만들었죠. 메이지의 영광을 쇼와시대의 군국주의가 말아먹은겁니다.

역사소설가 시바 료타로

시바 료타로의 주장은 태평양전쟁을 일으키고 참혹한 패배를 맞게 되는 것은 그 이후부터 생긴 문제라는 거지. 과연 그럴까? 그 이후에도 우린 잘못한 것 없다는 무리들에 비하면 그래도 나을지 모르지만 문제의 씨앗은 메이지 시대부터 생기지 않았을까?

이왕 시간을 돌리는 김에 훨씬 더 돌려보자. 메이지유신 전 막부말기의 혼란의 시기보다도 시간을 더 거꾸로 돌려본다.

1839년의 중국, 아편전쟁의 시기까지 거슬러 간다. 메이지유신을 이해하기 위해서는 아편전쟁에서 출발하는 것이 좋겠다는 생각에서이다.

1839년 중국 남부의 오래된 대도시 광쩌우에 베이징에서 파견된 관리가 부임하였다.

그의 이름은 린쩌쉬 (1785~1850).

대단히 강직한데다 유능하기까지 했다.
한 왕조의 말기에 찾아보기 힘든 인물이었지.

당시 영국 상인들이 식민지 인도에서 재배한 양귀비를 가공하여 들여오는 아편으로 천만명의 중국인들이 아편에 중독되어 있었다고 한다.

중국의 인구가 3억명 정도였을 때이니 경제활동이 가능한 성인 열 명 중 거의 한 명 정도가 아편에 손을 대고 있었다는 계산이 나온다. 대단한 국가적 위협이었겠지. 그래서 당시의 황제였던 도광제는 아편금지령을 내리고 가장 믿을 만한 린쩌쉬에게 전권을 주어 광쩌우로 내려보낸 것이었다.

옳은 사람을 골랐다. 그러나 역설적으로 그의 강직함과 유능함이 아편전쟁을 불러왔는지도 모른다.

Chapter6. 사쿠라 피다

린쩌쉬는 신속하게 움직였다. 광동지방에 있던 13개의 영국 상관들을 봉쇄하고 압수수색을 하여 아편 2만 상자를 몰수했다. 한 상자가 60킬로그램이었으니 1,200톤이 되는데 한 해에 거래되던 전체 아편의 절반에 해당하는 물량이었다.

이 정도 물량이면 쌓아둘 창고도 없었다. 호문으로 옮겨 철책을 세워서 야적을 하고는 군졸들에게 지키게 하였다.

그리고 인공 연못을 파서 한 달에 걸쳐 아편에 소금과 석회를 뿌려서 폐기하였다. 아편이 석회와 섞이면 연기가 나는데 이를 두고 아편을 태워서 없앤 것처럼 전해지기도 하지만 사실은 화학적으로 용해한 것이다.

고가품인 아편을 한꺼번에 몰수하여 한 톨도 흘러나가지 않게 기강을 잡아 폐기하는 과정은 쉬운 일이 아니다. 당시의 부패, 무능한 관료조직에서 린쩌쉬는 발군이었다고 할 수 있다.

린쩌쉬는 빅토리아 여왕에게 보내는 항의 편지도 썼다. 대용은 대층 이러했다.

귀국의 상인들이 우리나라에 와서 장사를 하여 많은 이익을 취했음에도 불구하고 더 많은 이익을 취하려는 탐욕에서 사악한 물건인 아편을 들여와 중국인들을 황폐하게 만들고 있습니다.
일찍이 우리나라에서 귀국에 건너간 물건들 가운데 몹쓸 물건이 하나라도 있었소이까?
여왕이시여 듣건대 사려가 깊고 경우가 있는 분이라 알고 있습니다. 귀국이 하고 싶지 않은 일을 다른 나라에게 하게 하지는 않으시겠지요.
그런데 어찌 귀국이 금지하고 있는 아편을 우리 나라에 팔려고 하십니까?

하원의 표결 결과는 박빙,
전쟁 찬성 271표에 반대 262표였다.
많은 영국인들이 아편사업을 보호하기 위해서
국가가 군사력을 동원해 전쟁을 치른다는 것에 대해
스스로 떳떳한 일은 아니라는 생각을 가지고
있었음을 알 수 있다.

하지만 아편을 몰수 당하고 영국으로 쫓겨나 있던
아편 밀수 상인들이 맹렬한 로비를 펼쳤다.
또 당시 외무부 장관이던 헨리 팔머스톤은 교묘하게
정보를 흘리면서 국수주의를 고취하여 전쟁으로
끌고갔다.

그렇게 역사상 유일하게 패배한 측이 붙인 이름으로
불리워지는 전쟁인 아편전쟁이 시작되었다.

Chapter6. 사쿠라 피다

이때 광동지역을 거점으로 무역을 하던 큰손들을
타이판이라고 부르는데 가장 유명한 회사가
쟈딘-매터슨(Jardine, Matterson & Co.)이었다.
이 회사는 지금도 수십개의 산하기업을 거느리고
영국, 홍콩, 싱가폴을 중심으로 활동하고 있다.

윌리엄 쟈딘과 제임스 매터슨은 상반되는 캐릭터가
만나서 환상적인 사업 파트너가 될 수 있다는 사실을
보여준 콤비였다.

둘다 스코틀랜드 출신이었는데 쟈딘은 껑충한 키에
빈한한 집안 출신의 외과의사로 동인도회사에
함상근무 의사로 취직했다가 사업에 발을 들인
과묵하고 신중한 기획가였다. 반면에 매터슨은 다부진
체격에 부유한 집안 출신으로 사교적이었으며 피아노
연주도 즐겨한 예술애호가에 활동적인 섭외가였다.

이들 타이판들이 로비를 벌이긴 했지만 영국 정부가
이 민간밀수업자들을 보호하기 위하여 전쟁을 일으켰을까?
그렇진 않다. 전쟁의 이유는 훨씬 더 뿌리 깊은 것이었다.

이 그림은 아편전쟁 50년 전인 1792년 죠지 매카트니 백작의 통상사절단이
당시의 청 황제 건륭제를 알현하는 모습을 그린 어떤 유럽 신문의
만평을 모사한 것이다.

매카트니 백작이 죠지3세의 친서를 내밀고 있는데 건륭제는 거드름을 피우고
있고 뒤의 사절단원들은 영국에서 가져온 물건들을 바치려고 기다리고 있다.

당시 중국의 황제를 알현하면 커우터우(고두)의식을 행해야 하였다. 커우터우는 엎드려 아홉 번 이마를 바닥에 찧듯이 큰 절을 바치는 의식인데 매카트니 사절단이 건륭제를 만나기 전, 가장 문제가 되었던 것이 바로 이 커우터우 의식에 관한 문제였다.

"우리 국왕에게 바치는 예보다 더 높은 예를 바칠 수는 없다."

매카트니는 노련한 외교관이었는데 커우터우에 대해서는 완강했다.

여담을 하나 하자. 중국에 가보면 나이든 양반들 술자리에서 상대방이 술을 따라주면 우리처럼 잔을 들고 받는 대신 따르는 동안 가운데 손가락을 테이블에 계속 두드리는 모습을 볼 때가 있다.

이는 어느 황제가 신하를 데리고 평복 차림으로 암행 민간시찰을 나갔을 때 주막에서 황제가 친히 술을 따라주자 커우터우의 예를 하자니 황제의 신분이 들통날 것이고 가만히 있을 수도 없었던 신하가 가운데 손가락을 머리라고 생각하고 상 위에 찧는 임기응변을 발휘한데서 유래되었다는 이야기가 있다.

커우터우를 거부해서인지 중국은 영국 사절단이 가져온 물건들에 관심을 보이지 않았고 매카트니는 중국과 통상을 트려는 목적을 이루지 못하고 빈손으로 돌아가야 했다.

"우리는 천하에서 가장 큰 나라라서 그 강역에서 나지 않는 물건이 없다. 굳이 교역을 할 필요가 있겠는가?"

반면에 영국의 사정은 달랐다. 이때 영국은 지구 반대쪽의 중국에 대규모 사절단을 보낼 만큼 중국의 문을 열고 영국산 물건을 수출하는 일이 절박했다.

왜 그리도 절박했을까?

이 것 때문이었다.

Chapter6. 사쿠라 피다

18세기 후반에 이르러 차는 영국인들의 국민음료가 되어 있었다. 지금도 티타임의 전통이 전해지고 있을 정도로 영국인들의 차 사랑은 대단했다.

동인도회사가 중국으로부터 차를 수입하고 있었지만 문제는 중국에 팔 물건이 없어 무역역조가 심각해진거지. 당시의 결제수단이던 은이 바닥날 지경에 이르렀다.

> Oh, my God, 외환위기야!

후에 인도의 아쌈지방과 지금은 스리랑카가 된 씰론에 차를 길러서 중국차를 대체하게 되지만 이때만 해도 다른 방법이 없었다.

중국에 팔 물건을 찾아야만 했다.

그래서 드디어 찾아낸 물건이 불행하게도 아편이었다. 영국 상인들은 인도에서 양귀비를 재배하고 아편을 만들어 중국의 광동지역으로 들여오는 삼각무역 상권을 개발하였다.

알다시피 아편은 대단히 중독성이 강한 마약이다. 사람을 흥분상태로 만드는 다른 마약과 반대로 아편은 정신을 끝없는 바다로 가라앉혀 비현실적인 평온감을 맛보게 해준다고 한다.
그러니 진통제로도 쓰이는 것이겠지.
영화 '원스 어폰 어 타임 인 아메리카'의 초반부에 로버트 드 니로가 연기하는 누들스가 차이나타운의 아편굴에 누워 중독상태에서 꿈을 꾸는 장면이 나온다.
한번 몽롱한 평온감을 맛보게 되면 헤어나오지 못하게 되는 것이다.

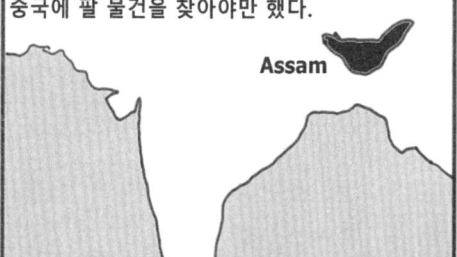

영국의 유명한 수필가 토마스 드 퀸씨는 커밍아웃한 아편중독자였다. 그는 아편에 대하여 이렇게 말했다.

> 오, 아편이여. 너는 천국의 열쇠를 가지고 있다.

Thomas De Quincy (1785~1859)

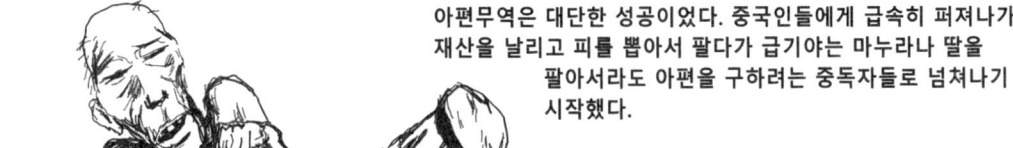

아편무역은 대단한 성공이었다. 중국인들에게 급속히 퍼져나가 재산을 날리고 피를 뽑아서 팔다가 급기야는 마누라나 딸을 팔아서라도 아편을 구하려는 중독자들로 넘쳐나기 시작했다.

덕분에 19세기초에 이르러서는 무역수지가 균형을 넘어 오히려 중국이 역조현상을 겪게되고 영국의 금고로 은이 흘러 들어오기 시작했다.

중국으로부터 인도로 들어오는 이 은으로 인도 식민지 예산의 상당부분을 충당하고 있었기에 영국정부 입장에서는 타이판들의 로비와 관계 없이 전쟁을 벌여서라도 명예롭지는 않을지라도 황금알을 낳아주는 아편사업을 보호해야만 했다.

결과를 이미 알고있는 우리들에게야 산업혁명을 거친 유럽세력이 정체되고 시대에 뒤떨어진 중국을 이긴 것이 당연한 것처럼 보이지만 당시 영국은 승리에 대한 확신이 없었다.
상대는 인구만 3억에 홈그라운드의 잇점을 안고있지 않은가?
중국이 잠자는 사자로 알려져 있을 때였다.

 Chapter6. 사쿠라 피다

그런데 막상 뚜껑을 열어보니 덩치만 컸지 형편없이 무능한 나라라는 사실이 금방 드러난거지.
"중국의 실력은 형편없다. 영국이 보낸 함대에 놀랍도록 쉽게 무너졌다."
이게 아편전쟁의 메시지였다.

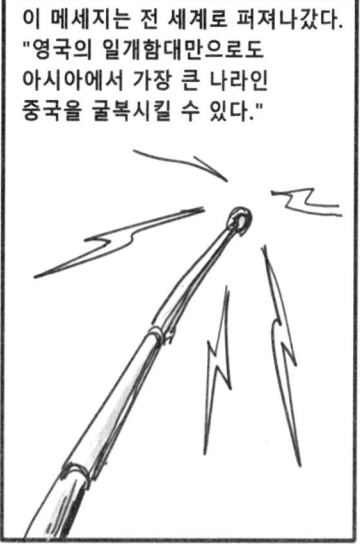

이 메세지는 전 세계로 퍼져나갔다.
"영국의 일개함대만으로도 아시아에서 가장 큰 나라인 중국을 굴복시킬 수 있다."

안테나가 없는 이런 나라는 건너뛰었지만

영국이 난징조약을 중국에 강요해서 홍콩이라는 어촌을 뺏겼다더라.

이 나라에는 작은 안테나도 하나 있었다.

2차 아편전쟁 속보.
이번에는 베이징 근처까지 쳐들어가서 원명원을 박살냈대.

나가사키

일본은 이때 어느 정도 세계 질서의 흐름을 파악하고 있었다.
나가사키 앞에 데지마라는 인공 섬을 만들어 네덜란드 상인들이 머무를 수 있도록 해주어
그리로부터 서양 과학문물과 세계정세의 정보가 흘러들어오고 있었던거지.

아는 만큼 보인다고 했던가.
아편전쟁의 소식에 가장 놀란 나라는 의외로 일본이었다.

난데스까!!

패전의 당사자인 청제국 보다도 오히려 더 위기의식을 느꼈다고 해도 과언이 아니다.

무능하고 아무 생각없는 지도부를 가진 조선이야 말할 것도 없고,

그리고 아편전쟁 이후에 올 사태에 대해서도 정확히 예견하고 있었다.

중국에 대포로 개항을 요구했다면 머지않아 우리나라에도 똑같은 요구를 하지 않겠는가?

실제로 50년전 죠지 맥카트니는 중국 다음에 일본에 와서 통상을 요구할 계획이었지만 마침 프랑스 혁명정부가 영국에 선전포고를 하는 바람에 귀국하도록 명령을 받았다.
맥카트니는 일기에 이렇게 적었다.

아쉽다.
내 모험의 피날레가 될 수 있었는데...

말기의 도쿠가와 막부가 무능하고 게을렀던 것으로 알기 쉬운데 그렇지 않았다. 비록 기성체제의 수호가 유일한 목적이긴 했지만 청이나 조선의 정부보다는 훨씬 현실적인 위기의식과 추진력을 가지고 있었다. 해안에 서양 함대를 방어하기 위한 포대를 구축하기도 하고 서양식 군대를 연구하기도 했다.

이렇게 위기감이 고조되고 있을 때 올 것이 왔다.

Chapter6. 사쿠라 피다

1853년 7월 14일 매튜 페리 제독이 이끄는 미국 함대가 에도만의 입구, 우라가 앞바다에 나타났다. 그는 필모어 대통령으로부터 무력시위로 일본을 압박하여 통상조약에 응하게 하라는 명령을 받은 터였다.

페리는 공포를 쏘고 해안을 측량하며 무력시위를 하였다. 대부분의 물자를 에도만을 통하여 해상으로 공급받던 에도막부는 페리 함대가 에도만을 봉쇄할까봐 전전긍긍했다.

일본인들은 엄청난 덩치에 굴뚝으로 연기를 내뿜으며 겁게 도장한 서양의 증기선들을 쿠로후네(흑선)라고 불렀다.
흑선은 종종 일본에 나타났지만 이번 처럼 함대가 본격적으로 무력시위를 하는 경우는 처음이었다. 소문을 듣고 일본인들은 흑선을 구경하려고 우라가 해안으로 몰려들었다.

통상을 요구하는 서신을 접수시킨 후 일단 철수한 페리는 6개월 후 더 큰 함대를 이끌고 돌아왔다.

아편전쟁의 전례를 모르고 있었다면 일본은 대들었을지도 모른다. 그랬다면 일본 전역에서 침략전쟁으로 확대되었을 것이다. 일본인들에게 굴욕적으로 보이고 갈팡질팡하는 것처럼 비쳤겠지만 막부의 대응은 신중하고 현명했다고 할 수 있다.

다만 일본에 행운이었던 것은 미국이란 나라가 이때만 해도 유럽국가들과 달리 식민지 확장에 관심이 없었다는 점이다. 미국이 원한 것은 오직 통상조약을 맺어 상권을 넓히는 것 뿐이었다.

그래서 페리의 함대가 떠나면서 타운젠드 해리스라는 무역상 출신의 사내를 초대 주일공사로 남겨놓았다. 그의 임무는 단 한 가지, 미국에 유리한 조건으로 통상조약을 체결하는 것이었다. 쉽게 말해서 불평등조약을 강요하는 것이었는데 이 임무에 딱 들어맞는 인물이었다.

타운젠드 해리스 (1804~1878)

그는 대단한 허세에 술고래였다고 한다.
— 난 당신 말고 쇼군을 만나야겠소
— 쇼군은 아무도 안 만난다니까요.

질질 끌던 협상은 이이 나오스케가 신임 타이로로 부임하면서 진전이 되기 시작했다.
이이 나오스케는 막부의 다른 신하들과 달리 결단력과 추진력이 대단한 인물이었다.

타이로 : 막부의 신하 중 최고위직

— 나하고 얘기하면 되오.

당시의 코메이 천황은 거의 본능적인 외국인 기피증을 가지고 있었다.
다른 현실적인 대안이 있는 것도 아니면서 무조건 양이를 부르짖었다.
하긴 천황이라는 자리가 대안을 생각하고 말하는 자리는 아니니까.

천황의 허락이 상징적인 것이긴 하지만 일을 진행해야 하는 이이 나오스케로서는 곤란한 노릇이었겠지.

— 짐은 서양 오랑캐가 싫소. 막부는 이 자들을 때려잡아 주시오.

코메이 천황
(1831~1867)

Chapter6. 사쿠라 피다

그러나 이이 나오스케는 결단력과 추진력의 사나이.
자신의 막부절대주의에 딴지를 거는 번주들을 근신에 처하고
손노죠이를 부르짖는 과격분자들을 처형해버렸다.
이때 처형된 자들 중에는 나중에 이야기할 요시다 쇼인도 있었다.

그리고 미적거리는 천황의 재가를 기다리지 않고 1858년 7월
타운젠드 해리스와 통상조약을 체결해치웠다.
이 통상조약은 일본이 외국과 맺은 최초의 불평등조약으로서
이후 유럽 국가들과 맺는 조약들의 모델이 되었다.

손노죠이 (존왕양이) : 천황을 숭배하고 서양오랑캐를 배척하자는 주장.
막부보다는 천황을 중심으로 정치를 재편하자는 반막사상과 일본식
쇄국주의로서 막부말기에 젊은 과격파 사무라이들의 주장이었다.

> 억자로라도 좀 웃으시라니깐요.

시모다, 하코다데, 카나가와, 나카사키,
니가타, 효고 여섯개 항구를 열고
여기에 거주하는 미국인들에게
치외법권을 인정했다.

> 효고는 쿄토와 너무 가까워서 절대 안된다고 그만큼 얘기했거늘...

하코다데
니가타
에도
쿄토
카나가와
나가사키
시모다
효고

이 때부터 이이 나오스케는
국수주의적 존왕양이론자들이
노리는 표적이 되었고
미국과의 불평등조약은
막부 정권의 정통성에 시비를
거는 강력한 빌미가 되었다.

> 순결한 신의 나라에 서양오랑캐를 들여놓다니.

> 이이 나오스케, 매국노!

1860년 3월 3일,
에도에는 때늦은 눈이 흩날리고 있었다.

에도성 사쿠라다문 앞에 열여덟명의 젊은
사무라이들이 여기저기 흩어져 눈발 속에서
누군가를 기다리고 있었다.

이들은 미토번 출신의 사무라이들이었지만
단 한 명, 사쓰마번에서 온 사무라이
아리무라 지자에몬이 끼어있었다.

Chapter6. 사쿠라 피다

이들은 이이 나오스케가 정오쯤 에도성에서 열리는 행사에
참석하러 오리라는 것을 알고있었다.
이이 나오스케를 태운 가마 행렬이 사쿠라다 문앞에 도착하자
이들은 일제히 가마로 몰려가 일부는 호위병들과 싸우고
일부는 가마로 다가갔다.
누군가가 가마 안으로 피스톨을 쏘았고 사쓰마번의
아리무라 지자에몬이 이미 총탄을 맞은 이이 나오스케를
가마 밖으로 끌어내 목을 잘랐다.
그리고 본인도 현장에서 자결하였다.

> 나 사쓰마인
> 아리무라 지자에몬
> 오랑캐에 나라를 판
> 역적의 목을 베었노라.

과격한 존왕양이파 사무라이들이 도쿠가와 막부의
최고위 실권자 이이 나오스케를 암살한 이 사건을
일본에서는 '사쿠라다 문밖의 변'이라고 부른다.
이 사쿠라다 사건은 단순한 암살사건과는 다른
대단한 역사적 의미를 가지고 있다.

사쿠라다문 사건이 이후 우여곡절을 거쳐 메이지유신으로 이어지게 되는,
수많은 테러와 암살로 점철된 막부말기의 혼란을 여는 출발신호와도 같은 역할을 했기 때문이다.

도대체 어떻게 고작 스무살 남짓의 하급 사무라이들이 목숨을 걸고 200년 이상 일본을 통치해온 에도막부의 실질적 최고권력자를 암살하려는 생각을 하게 되었을까? 이 질문은 메이지유신을 이해하는데 중요한 질문이다.

이 사정을 알아보려 이야기를 조금 돌려서 간다.
이 시대 일본의 사무라이들의 처지를 살펴보자.

사무라이라는 신분 혹은 직업의 본분은 전쟁에서 싸우는 것이었다. 즉, 직업군인이었던거지.

사무라이의 본질은 다이묘(일본의 영주)에게 고용되어 시중드는 것이었나보다.
그래서 한자로는 이렇게 썼다. 모실 시.

확실한 중앙 세력이 없어서 저마다 정권을 차지하겠다고 싸우던 시기,
소위 전국시대라고 부르던 시기는 사무라이들의 전성시대였다.
언제든 전쟁이 있었고 이 전쟁에서 무공을 세우면 월급도 올라가고 신분도 올라가는 출세를 할 수가 있었다.
사무라이들로서는 일자리가 널려있었던거지.

이 전국시대를 끝내고 일본을 통일하겠다고 나선 이들이
오다노부나가(1534~1582),
토요토미 히데요시(1537~1598),
도쿠가와 이에야스(1543~1616)였다.

Chapter6. 사쿠라 피다

하도 많이 써먹어서 진부해져버린 비유이지만 세 인물의 특징을 함축적으로 표현한 이야기가 있다.
그 울음소리를 즐기려고 기르는 두견새가 울지 않는다면? 하고 이들에게 질문했더니,

오다 노부나가 왈, 베어버린다.

토요토미 히데요시는 어떻게든 울게 한다.
이런 버전도 있다. 내가 대신 운다.

도쿠가와 이에야스는 울 때까지 참고 기다린다.

결국 마지막에 웃은 자는 끝까지 참고 기다린 이에야스였다는 이야기.

오다 노부나가는 매우 유능한 인물이었지만 모욕과 협박으로 끊임없이 조직을 긴장시키며 다스리는 스타일이었다. 여기에 질린 부하 아케치 미쓰히데의 반란으로 통일의 대업을 눈앞에 두고 불타 죽었고,

1582년 쿄토의 혼노지

미천한 출신으로 오다 노부나가의 당번병에서부터 출세한 토요토미 히데요시가 재빨리 군대를 일으켜 아케치 미쓰히데의 반란을 진압하고 드디어 일본을 통일하였으나, 조선과의 전쟁으로 시간을 보내면서 정권이 지속될 수 있는 시스템을 미처 만들어놓지 못하고 죽어버렸다.

어린 아들 히데요리를 부탁하네.

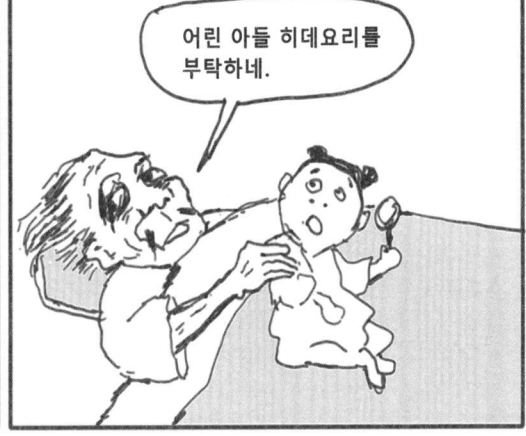

기다리고 기다리던 도쿠가와 이에야스가 일어났다. 히데요시의 유지를 받들어 이에야스에 대항하여 군대를 일으킨 자가 히데요시의 심복 이시다 미쓰나리. 이시다 미쓰나리 편에 선 다이묘들을 그 본부가 오오사카에 있다하여 서군으로 불렀고 지금의 토쿄인 에도에 본부를 두고 있는 이에야스의 연합군을 동군이라고 불렀다.

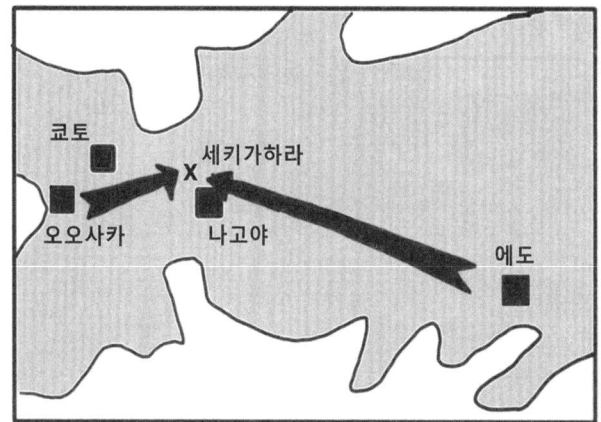

동군과 서군이 일본의 패권을 놓고 죽기 아니면 살기로 결판을 벌인 곳이 나고야 근처의 세키가하라였다.

퀴즈 하나.
일본을 보통 관동지방과 관서지방으로 나누는데 이때 관동과 관서의 경계가 되는 곳은?
눈치로 알아챘겠지만 바로 동군과 서군의 결투가 벌어졌던 이 곳 세키가하라이다.
세키가하라의 세키는 일본식 음독이고 한자음으로 읽으면 관(関)이 된다.

1600년 10월 세키가하라 전투에서 동군이 극적인 승리를 거두고 도쿠가와 이에야스가 일본의 패권을 쥐게 되었다.
이에야스는 천황으로부터 오랑캐를 정복하는 대장군 이라는 뜻의 세이이다이쇼군, 줄여서 쇼군의 지위를 받고 에도에 막부(군사정부)를 열었다.
그리고 이후 도쿠가와 가문이 268년간 일본을 통치하게 된다.
전국시대의 오랜 내전을 끝내고 드디어 안정된 정권을 수립한 도쿠가와 이에야스로서는 장기집권을 보장할 수 있는 시스템을 구축하는 일이 무엇보다도 중요했다.

Chapter6. 사쿠라 피다

전국시대에 권력을 다투던 지방의 호족들에게 자기 지역의
내정에 관한 한 자치를 허용하면서도 교묘하게 서로 감시하고
견제하게 하고 직접 옥박지르기도 하면서 에도막부에 꼼짝도
못하도록 통치 시스템을 설계하였다.
이때 이 호족 영주들을 '다이묘'라고 하고 이들이 다스리던
자치지역을 '번'(일본 발음으로는 '항')이라고 한다.

약 270개에서 280개의 번이 있었는데 각 번들은
나름대로의 전통을 보존하면서 일본 사회의
다양성을 이루었다. 이 번들 가운데서 압도적으로
크고 강력한 번이 바로 에도에 근거지를 둔
도쿠가와 막부였던 셈이지.
이웃의 유교국가들이 중앙집권제도 였다면
일본은 상대적으로 지방분권체제였던 것.

에도 막부는 정권을 잡은 후 각 번의 영지를 조정했는데
당연히 세키가하라 전투에서 자기 편에 서서 싸운 다이묘들에게는 좋은 위치에다 영지를 넓혀주었을테고
서군에 속해서 싸운 다이묘들에게는 영지를 줄이거나 변두리로 쫓아냈겠지.

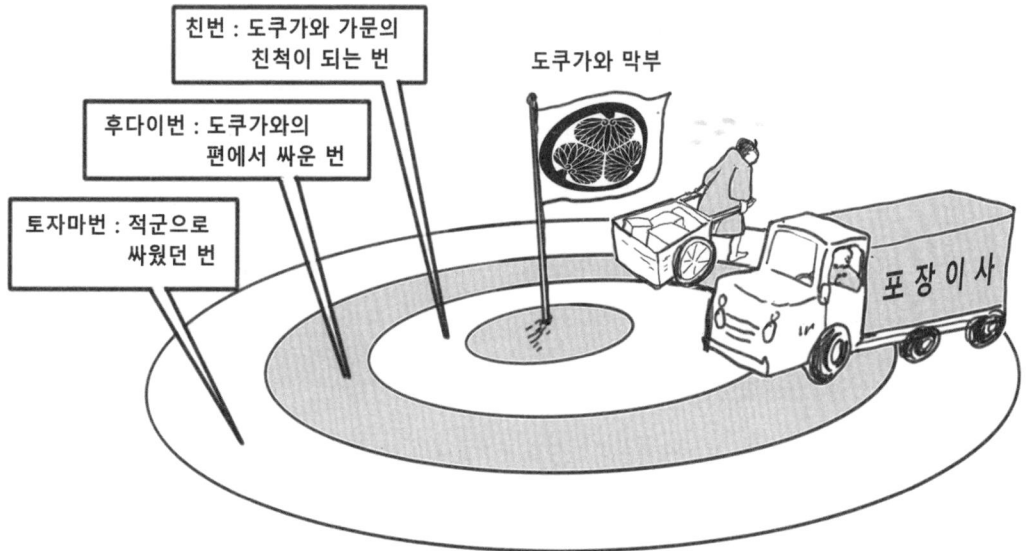

홀대를 받은 토자마번들은 에도막부가 강력할 때에는 위세에 눌려 아무 소리 못하고 있었지만 언젠가 기회만 오면... 이런 생각들을 위로는 다이묘부터 아래로는 하급 사무라이까지 가슴에 품고 있었을 것이다.

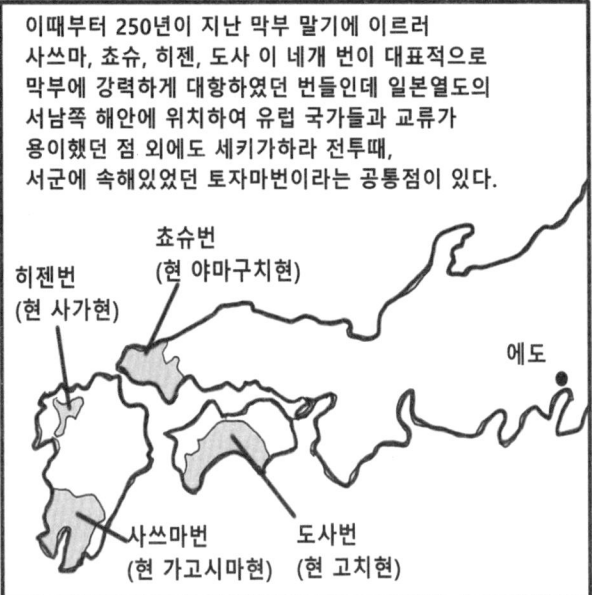

이때부터 250년이 지난 막부 말기에 이르러 사쓰마, 쵸슈, 히젠, 도사 이 네개 번이 대표적으로 막부에 강력하게 대항하였던 번들인데 일본열도의 서남쪽 해안에 위치하여 유럽 국가들과 교류가 용이했던 점 외에도 세키가하라 전투때, 서군에 속해있었던 토자마번이라는 공통점이 있다.

쵸슈번 (현 야마구치현)
히젠번 (현 사가현)
에도
사쓰마번 (현 가고시마현)
도사번 (현 고치현)

이 번이라는 제도가 조선왕조의 오랜 중앙집권체제에 익숙한 우리에게는 얼른 이해가 되지않는 측면이 있다. 이런 예를 들면 좀 이해하기 쉬우려나?
세상에서 첫구절이 가장 인상적인 소설을 꼽으라면 많은 사람들이 가와바다 야스나리의 설국을 꼽는데 그 첫구절이 이렇게 시작한다.

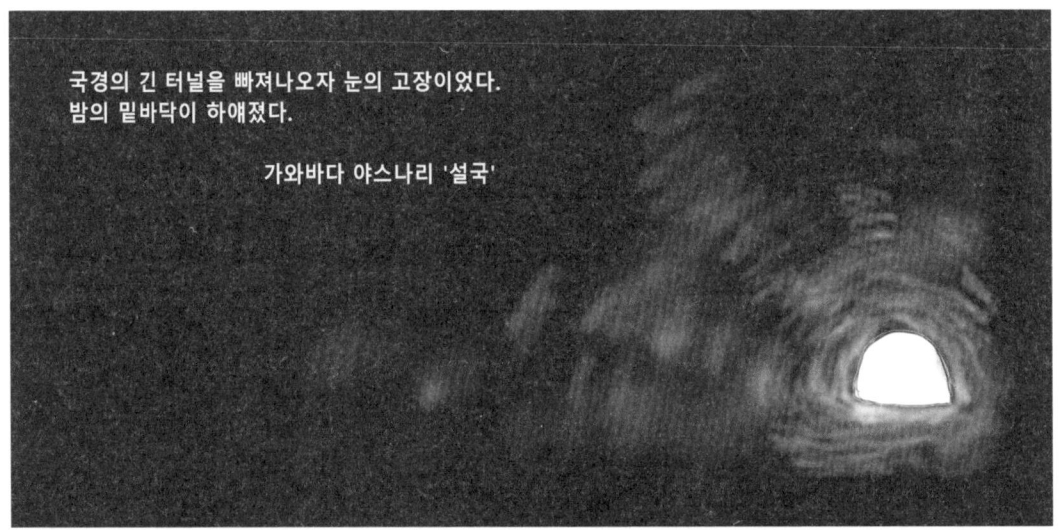

국경의 긴 터널을 빠져나오자 눈의 고장이었다.
밤의 밑바닥이 하얘졌다.

가와바다 야스나리 '설국'

여기서 국경이란 우리나라로 치면 도에 해당하는 현의 경계를 말하는 것인데 현은 메이지유신 때 번을 없애고 만든 것이다 (폐번치현).
이렇게 국경이란 말을 쓸 정도로 각번은 스스로를 하나의 나라 비슷하게 인식하고 있었던 것이다.

Chapter6. 사쿠라 피다

이왕 번 이야기가 나왔으니 앞으로 메이지유신이라는 무대의 전면에 등장하는 네 개정도의 번에 대하여 알아보고 가자. 먼저 아이즈번.
쓰나미가 원자력발전소를 덮친 재난으로 알려진 후쿠시마현의 내륙쪽에 있던 번이다.

이에야스의 아들, 2대 쇼군 도쿠가와 히데타다는 도쿠가와 막부 쇼군 가운데 유일하게 후궁이 없었던 진기록의 사나이다.
이유는 오다 노부나가의 조카를 정실부인으로 맞았는데 이 여자가 삼촌을 닮았는지 한 성질 했다는거지.

그런데 딱 한 번 하녀와의 외도에 사내아이가 생겨버렸다. 히데타다는 부인이 해꼬지 할까 두려워 숨겨두었다가 다른 집안에 양자로 들인 다음 번을 하나 떼어주었다.
이 사내아이가 아이즈번의 초대 다이묘 호시나 마사유키이다.
그는 막부에 대한 절대충성을 유언으로 남겼고 이게 두고두고 아이즈번의 국시가 되었다.

특히 아이즈의 무사는 용맹스러운 것으로 정평이 나있었다. 막부로서는 든든한 군사적 전위부대가 아이즈번이었던거지.

메이지 시대가 되어 막부군과 혁명군 사이에 벌어진 보신전쟁에서는 당연히 막부편에 섰겠지.
특히 아이즈성이 포위 당했을 때 10대 미성년으로 이루어진 백호대(비아코다이)가 한 명도 남기지 않고 전사한 스토리는 유명하다.

나중에 다시 나올 이야기이지만 막부말기에 쿄토에서 막부를 타도하려는 존왕양이주의자들을 도륙하고 다녔던 신센구미(신선조)도 아이즈번의 지휘를 받았다. 아이즈 와카마쓰라는 도시에 가보니 지금도 백호대나 신센구미 기념품 가게가 있더라니까.

아이즈번이 철천지 원수로 생각하는 번이 있다. 지금의 야마구치현이 된 쵸슈번인데 양쪽 지방의 사람들은 지금까지도 적개심을 가지고 있다고 한다. 메이지유신 때 혁명군(쵸슈)이 막부군(아이즈)을 진압하면서 생긴 악연이다.

하지만 역사는 돌고 도는 법. 메이지 유신 때는 아이즈번이 당했지만 죠슈번에게는 세키가하라 전투 이후 250년 동안 홀대를 받았던 토자마번의 아픈 역사가 있다. 그래서 막부말기에는 가장 과격한 존왕양이파들이 배출된 지역이 바로 죠슈번이다.

시모노세키는 옛 쵸슈번에서도 서쪽 끄트머리에 위치한 도시이다. 이곳의 명물은 복어요리. 출장중 이 지역의 업체로부터 복어요리집에 초대를 받았다. 유명하고 오래된 식당이었는데 들어서니 긴 복도의 어두컴컴한 구석에 꽤 커다란 인형이 유리상자 안에 앉아있었다. 가까이 다가가서 인형 앞의 팻말을 보고 그가 누구인지 알았다.

吉田松隂, 요시다 쇼인이었다.
복어요리집에서까지 인형을 모시고 추앙하는 그는 누구인가? 요시다 쇼인은 막부말기에 쵸슈가 배출한 존왕양이를 부르짖는 젊은 사무라이들의 스승이며 정신적 지주였다.

요시다 쇼인
(1830~1859)

하급 사무라이 집안에서 태어난 요시다 쇼인은 바깥세상에 호기심이 많았던 인물이다. 스물한 살의 나이에 일본을 유람하였다. 이때 공식적인 허가를 기다리지 않고 나와 탈번이라는 무거운 죄를 지게 되었다.

페리제독의 함대가 일본에 왔을 때, 페리 제독을 직접 만나보겠다며 나룻배를 몰아 흑선에 대고 올라타려고 하였다. 물론 거부 당했지만. 상당한 사색가이면서 행동가이기도 했던 모양이다. 하긴 정신적 지주라해도 20대의 청년이었으니까.

Chapter6. 사쿠라 피다

막부는 그를 가택연금에 처했는데 고향 하기(萩)에 묶이게 된 그는 사설학원을 차려 문을 열었다.
이름하여 쇼카손주꾸(松下村塾).
소나무 아래 있는 시골 학원이란 뜻이렸다. 자기 이름 쇼인(소나무 그늘)에서 따왔겠지.

그는 제자들에게 존왕양이의 사상을 주입시켰는데 그의 양이는 서양 오랑캐를 물리친다는 점에선 같은 양이였지만 방법론에서 조금 달랐다.

서양 오랑캐와 싸우려면 먼저 그들의 앞선 무기와 과학지식을 배워야 한다.

이런 걸 일본인들은 일본인의 정신에 뿌리를 두되 지식은 서양 것을 이용한다며 화혼양재(和魂洋材)라고 이름 붙였다. 비슷한 시기에 중국인들이 말한 중체서용(中体西用), 동도서기(東道西器), 결국 다 같은 말이다.

어쨌던 이건 당시의 일본에서는 상당히 앞선 생각이었고 코메이 천황이 요구하는 양이와는 사뭇 다른, 진보적인 생각이었다.

이때 요시다 쇼인의 수제자가 다카스기 신사쿠, 가쓰라 고고로 (후일의 기도 다카요시) 등이었고 저 끄트머리에 이토 히로부미가 있었다.

다카스기 신사쿠는 번의 지원을 받아 '기헤이타이'라는 새로운
개념의 군대를 창설하였다. 서양식 복장을 여기저기서 긁어모아
입고는 폼을 잔뜩 재고 찍은 기념사진들이 남아있는데
기헤이타이에는 사무라이 뿐 아니라 평민들도 받아들였다.
사무라이만이 직업군인이 될 수 있다는 수백년동안 이어진 법을
깨뜨리는 혁신을 한 것이다. 이런걸 보면 쵸슈라는 번의 당시의
분위기가 대단히 참신했던 것을 짐작할 수 있다.

서양식 무기와 전술로 훈련받은 이 기헤이타이는 후에 막부와의
보신전쟁에서 혁혁한 전공을 세우게 된다.
하지만 다카스기 신사쿠는 메이지유신을 보지 못하고 1867년 5월에
폐렴으로 세상을 떠났다. 그가 살아 있었다면 아마 유신 이후에
쇼카숀주꾸 동문인 키도 다카요시나 이토 히로부미를 능가하는
대단한 출세를 했을 것이다.

일본 수상 아베신죠는 스스로를 메이지유신의 주역인 쵸슈번 사무라이의 후예로 포장하여 정치적 마케팅을
하는 인물이다. 그의 이름 신죠의 신은 다카스기 신사쿠의 신에서 따온 것이라고 한다.
아베 신죠가 서른일곱 살때 부친인 아베 신타로가 죽자 그의 지역구인 시모노세키를 물려받아 의원이
되었는데 부친 신타로의 신도 마찬가지로 다카스기 신사쿠의 이름에서 빌려온 것이다.

 Chapter6. 사쿠라 피다

키시 노부스케
(1896~1987)

이 집안 얘기가 나온 김에 좀 더 하면 알려진대로 아베 신조의 외할아버지가 기시 노부스케이다. 일본의 괴뢰정부 만주국의 고위관료였던 기시는 제2차 세계대전 종전후 1급전범으로 체포되었으나 풀려나서 총리 자리에까지 올랐다. 이후에 그의 동생, 즉 아베의 작은 외할아버지도 총리를 지냈으니 아베는 집안에서 세번째 총리이며 쵸슈번이 배출한 여덟번째 총리가 된다.

울 아부지가 췌장암만 안 걸렸으면 울아부지가 세번째, 내가 네번째 총리가 됐을 것이무니다.

쵸슈와 함께 막부 말기에 가장 강력했던 번이 지금의 가고시마인 사쓰마번이었다.
사쓰마와 쵸슈는 강한 라이벌 의식을 가지고 이런저런 이유로 사이가 몹시 나빴는데 사쓰마와 쵸슈가 손을 잡지 않는 한 막부에 대항할 방법이 없었다.
1866년 한 사나이의 끈질긴 주선으로 두 번이 손을 잡는 사건이 일어났으니 이를 '삿쵸동맹'이라 한다.
이 때의 주선자가 일본에 관심이 조금이라도 있는 사람이라면 한번쯤 들어보았을 사카모토 료마이다.
그는 사쓰마도 쵸슈도 아닌 도사번 하급 사무라이 출신의 낭인이었는데 일본에서 위인 인기투표를 하면 항상 1위에 오른다지.
이 사나이에 대한 이야기는 잠시 미룬다. 사쓰마번의 이야기를 하는 중이니까.

사카모토 료마
(1836~1867)

제가 가장 존경하는 위인은 사카모토 료마입니다.

경영의 신이라 불리우는 마쓰시다 고노스케
(1894~1989)

나두요.

손 마사요시
(손정의)

쵸슈에 요시다 쇼인이 있어서 막부 말기에 지사들을 중앙 정치무대에 배출했다면 사쓰마에는 시마즈 나리아키라가 있었다. 메이지유신 시대의 주요인물 대부분이 하급 사무라이 출신이었던데 반해 나리아키라는 다름아닌 사쓰마번의 당당한 번주, 다이묘였다. 그는 어릴 때부터 총명하다는 소리를 들으며 자란 뛰어난 현군이었다.

그 자신은 쉰도 못 채우고 죽어 메이지 유신을 보지 못했으나 대략 세가지 점에서 19세기의 일본과 사쓰마번에 기여했다고 생각한다.

시마즈 나리아키라
(1809~1858)

첫째, 서양 문물을 적극적으로 받아들이고 배웠다.
시마즈 나리아키라는 보수적인 아버지와는 일생동안 반목했으나 진보적이었던 할아버지의 영향을 받으며 자랐다.
할아버지의 호기심을 물려받은 나리아키라는 난학(네덜란드에서 전해진 문물)에 관심이 많아 사쓰마에 조선소를 짓고 일본 최초의 서양식 함선을 건조하기도 했다.
개인적으로는 카메라를 좋아해 자신의 딸들을 이렇게 사진으로 남겨놓았다. 가신에게 자신의 사진을 찍게해서 그 시대의 다이묘로는 유일하게 사진이 남아있는 인물이다.

출처 : 위키피디아

둘째, 자신이 죽으면서 혼란 없이 이복동생에게 권력을 물려준 그의 인품은 새겨볼만하다.
그게 뭐 그리 대단한 일이냐고 할 수 있겠지만 아버지 시마즈 나리오키와 사이가 좋지 않았을뿐더러 계모인 후궁 유라에게 끊임없이 견제를 받았던 그의 성장과정을 보면 그렇게만 이야기 할 수도 없다.
나리아키라의 아이들이 연속적으로 병사하는 사건이 있었는데 이를 두고 유라의 저주에 의한 것이라는 소문이 떠돌 정도였으니까.

Chapter6. 사쿠라 피다

에도에서 자라면서 막부 고위관료와 인맥을 쌓기도 했고 사쓰마번의 국력과 막부를 대리하여
류큐(지금의 오키나와)를 통제하는 역할로 인하여 나리아키라는 막부에 상당한 영향력을 가지고 있었다.
자신의 양녀인 아쓰히메를 쇼군 도쿠가와 이에사다에게 정략적으로 시집을 보낼 정도였으니까.
진보적인 친정 시쓰마번과 병약하고 무능한 쇼군 이에사다의 사이에서 고생했던 아쓰히메의 일생은
TV 드라마로 만들어져 인기를 끌기도 했다.

어쨌던 이런 영향력까지 내분없이 온전히 보존하여
이복동생 시마즈 히사미쓰의 아들 타다요시에게
물려주고 히사미쓰로 하여금 후견인이 되어 실권을
행사하도록 한 결단은 히사미쓰의 친모가 유라였고
자신을 그토록 견제했던 이유가 바로 히사미쓰를
사쓰마번의 번주로 추대하려는 것이었다는 사실을
생각하면 대단한 포용력의 인물이라고 할 수 있다.

하지만 시마즈 나리아키라의 가장 큰 공적은 마지막 세번째에 있다.
사쓰마번의 미래에 투자한 것이지. 번 안에서 똑똑한 아이들을 뽑아서 양성하는 교육에 큰 힘을 쏟았다.
하급 신분의 사무라이들은 다이묘를 직접 만날 수도 없었을 때였는데 하급 무사 집안이라도 똑똑하기만
하다면 과감히 받아들여 교육을 시키고 직접 어깨를 두드리며 격려를 했으니 그 시절 이런 은혜를 입은
신분이 낮은 사무라이 청년들은 평생 시마즈 나리아키라를 잊을 수 없었을게다.

이때 시마즈 나리아키라에게 발탁이 된 하급 무사 중 메이지 시대의 거물이 된 인물이 바로 사이고 다카모리와
오쿠보 도시미치이다.
친구이기도 하고 라이벌이기도 했던 이 두 인물에 얽힌 이야기만 해도 메이지유신의 반은 이야기하는 셈이
되는데 이 스토리도 차례를 좀 기다려야겠다.

끝으로 미토번이다. 미토번은 상당히 특이하고 복잡한
양상으로 메이지유신의 흐름에 영향을 미쳤다.
도쿠가와 가문과 친척관계가 있는 번을 친번이라고 했지?
미토번은 친번 중에서도 고산케에 속하는 가문이다.

당연히 에도 근처였겠지.
지금의 이바라키현에 해당하는 지역.

미토
토쿄(에도)

고산케가 뭐냐? 도쿠가와 막부가 영원하길
바랐던 조상들, 이런 걱정이 들었다.

만약에 쇼군에게
아들이 없어
대가 끊기면
어떡하지?

그러고도 걱정이 돼서 가이번, 오와리번,
미토번으로 고산케라는 걸 만들었다.

그래서 일단 일본판 하렘인 오오쿠라는 걸 만들어서
아이를 잘 낳을 수 있는 환경을 조성해 놓고,

4번 탈락~

御三家

아주 가까운 혈연의 가문을 떼어내서
도쿠가와 가문의 마이너리그를 만든거지.
만약에 종가에 후사가 없을 경우에는
이 고산케에서 적당한 아이를 양자로
들여서 쇼군의 대를 잇겠다는거였다.

그러면 이해가 안되는 의문이 일어난다.
사쿠라다 문앞에서 도쿠가와 막부의 타이로
이이 나오스케를 암살한 사무라이들은
미토번 출신이 아니었던가?
어떻게 대를 이을만큼 가까운 가문의 번이
이런 사건을 일으킬 수가 있지?

여기에 미토번의 복잡성이 있다.

Chapter6. 사쿠라 피다

미토번은 고산케 가문으로서 일반 번들과는 노는 물이 달랐다. 매우 국수주의적인 학문이 형성되어 일본이라는 나라에 이론적 정통성을 제공하는 역할을 했는데 이를 미토학이라 불렀다.

일본은 신의 나라이다.

그래서 한번도 외국 오랑캐가 발을 들여놓지 못한 순결한 땅인거야.

도쿠가와 막부 집안이면서도 미토학이 발달하다보니 천황을 중시하는 사상이 자리잡았다.

천황은 인간이 아니라 태양의 자손이다.

미토학이 학문의 영역에만 머물러 있지는 않았다.
도쿠가와 나리아키가 미토의 번주가 되고부터 미토학을 기반으로 막부를 비판하기 시작했다.

가문내의 야당이다보니 일반적인 번들보다 말빨도 세었고 거침이 없었다.

대충 이런 발언들을 쏟아냈다.

청나라에서 벌어진 아편전쟁은 남의 일이 아니다. 곧 우리나라에도 들이닥칠 것이다.

막부는 도대체 무엇을 하는건가?

천황폐하가 나라를 잘 건사하라고 권한을 위임한건데 그 소임을 제대로 못하고 있다.

도쿠가와 나리아키
(1800~1860)

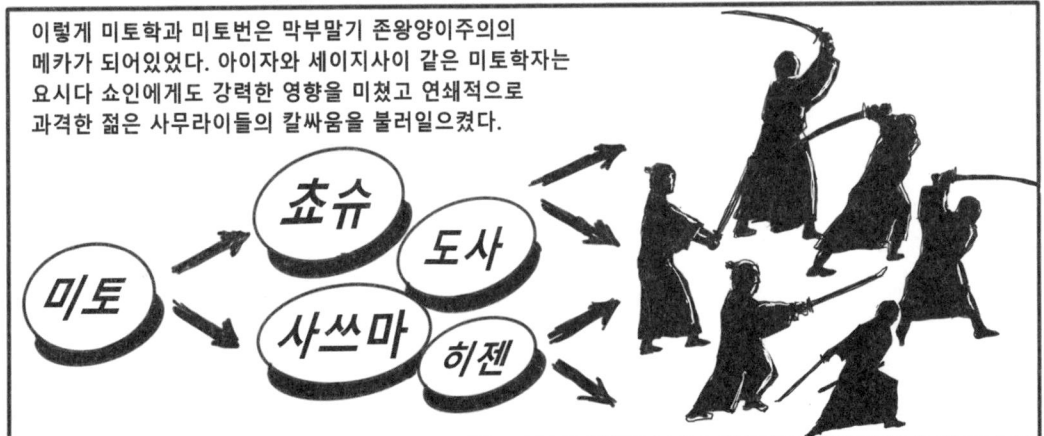

이렇게 미토학과 미토번은 막부말기 존왕양이주의의 메카가 되어있었다. 아이자와 세이지사이 같은 미토학자는 요시다 쇼인에게도 강력한 영향을 미쳤고 연쇄적으로 과격한 젊은 사무라이들의 칼싸움을 불러일으켰다.

미토 → 쵸슈, 사쓰마, 도사, 히젠

막부의 입장이 곤란했을 것이다.
결국은 나리아키를 설득하여 아들에게 물려주고
은퇴하도록 하였고,

다른 번 같았으면
몇명 할복이라도
시켰을텐데.

결단력의 사나이 이이 나오스케가 등장해서는 미토번에
남아서 계속 잔소리를 해대는 나리아키 지지자들을
숙청해버렸다. 이것이 미일통상조약과 함께 사쿠라다문
앞에서 자신의 죽음을 불러온 것이었다.

이제 왜 친번인 미토번의 사무라이들이 도쿠가와 막부의
총리를 암살했는지 납득이 가시는지?

미토번은 메이지유신의 무대에 또 한 인물을 통하여
등장한다.
도쿠가와 요시노부(1837~1913).
그는 다름아닌 도쿠가와 나리아키의 둘째아들로서
도쿠가와 가문 내에서 가장 총명하다는 평판이
자자하던 사나이다.
고산케가문의 지위로 1866년 쇼군의 자리에 올랐는데
도쿠가와 막부의 마지막 쇼군이 되었다.
협상 끝에 사쓰마, 쵸슈의 혁명군에게 에도성의 문을
열어주어 피흘리지 않고 정권을 내준 인물이다.
그 자신 아버지 나리아키의 영향을 받았음은 물론이고
존왕양이의 대표적 미토학자 아이자와 세이지사이의
제자였다.
이런 미토번의 토양에서 자란 그가 마지막 쇼군이 되어
막부의 문을 닫은 것은 미토번의 복잡한 성격을 말해주는
듯 하다.

도대체 어떻게 고작 스무살 남짓의 하급 사무라이들이
목숨을 걸고 200년 이상 일본을 통치해온 에도막부의
실질적 최고권력자를 암살하려는 생각을 하게
되었을까? 이 질문은 메이지유신을 이해하는데
중요한 질문이다.
이 사정을 알아보려 이야기를 조금 돌려서 간다.
이 시대 일본의 사무라이들의 처지를 살펴보자.

그 시대 사쿠라다문의 사건을 일으켰던
사무라이들의 이야기를 하다가 번의 이야기가
길어져버렸다.
이제 사무라이의 주제로 돌아가기로 한다.
몇 페이지 전의 이 질문으로 돌아가는거지.

사무라이 '시'
侍

Chapter6. 사쿠라 피다

사무라이 하면 무엇이 연상되시는지? 주군을 향한 의리, 명예를 지키기 위해서라면 죽음도 가볍게 여기는 할복 의식, 이런 것들이 떠오를 것이다.

마지막에 목 쳐주는 보조

입회인

이건 '츄신구라'류의 이야기가 만들어낸 사무라이 이미지인데 츄신구라의 스토리는 대략 이러하다.

아사노 나가노리라는 다이묘가 쇼군의 명령으로 쿄토 조정의 손님을 맞이하는 임무를 받았다.

그리고 쇼군은 자문역으로 키라 요시나카라는 관리를 붙여주었는데,

생긴걸 봐서 이 자가 악역이라는건 알겠지?

이 친구 되게 아는 척을 하는거라.

급기야 리셉션 당일 키라 요시나카에게 참을 수 없는 모욕을 당한 아사노 나가노리가 칼을 빼어드는 사건이 발생하였다.

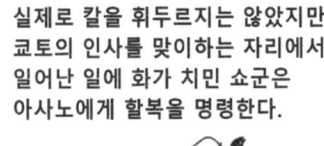

실제로 칼을 휘두르지는 않았지만 쿄토의 인사를 맞이하는 자리에서 일어난 일에 화가 치민 쇼군은 아사노에게 할복을 명령한다.

그리고 무슨 일인지 시비의 원인이 된 키라 요시나카는 아무런 벌도 받지 않고 사건이 종결되었다.

편파 판정!

졸지에 주군을 잃고 비자발적 실업자가 된 가신은 이를 갈았지만 숨을 죽이고 있다가

직장을 잃은 사무라이를 로닌(낭인) 이라고 하지.

2년의 세월이 흐른 후 47명의 가신들이 뭉쳐 에도에 있는 키라의 저택에 쳐들어가 목을 베어서 주군 아사노의 무덤에 바치고 전부 할복 자결한다는 이야기.

주군에 대한 의리를 지켜서 목숨을 걸고 원수를 갚는다는 츄신구라에 대한 일본인들의 애정은 각별하다.
우키요에로, 인형극으로, 가부키로, 심지어는 헐리우드판 영화로까지 만들어졌다.

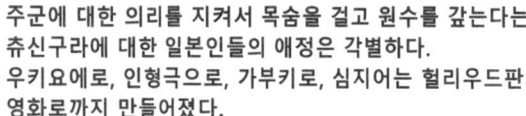

그리고 일본이 군국주의화 되면서 전쟁을 독려할 필요에 따라 부시도(무사도)라는 이름으로 포장되고 극단적으로 미화 되다가 전쟁 후에는 신기해하는 서양인들의 시장에서 상품화 되기에 이르렀다.

하지만 사무라이를 이런 식으로만 이해하고 있으면 메이지유신을 이해하기 어렵다.
약광고를 그대로 믿고 사먹는거나 비슷한 일이 되어버리는거지.

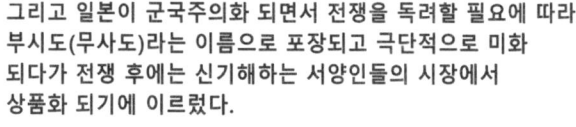

Chapter6. 사쿠라 피다

메이지유신에서 사무라이들의 역할을 이해하려면 이들을 직업인이라는 경제적 측면에서 들여다 볼 필요가 있다.

도쿠가와 정권 이후 전례없는 평화가 지속되면서 전쟁으로 먹고 살던 사무라이들은 어떤 변화를 겪었을까?

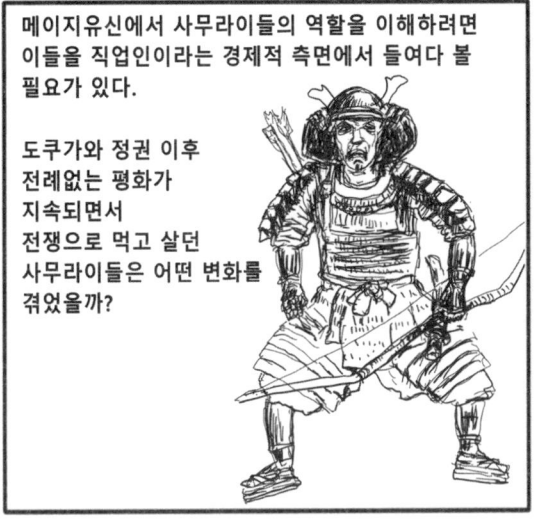

번의 행정을 처리하는 월급쟁이 공무원으로 변신했다.

"쌀 잔고가 합해서 1,352석이라, 확실하지?"

"예, 세 번이나 검산했어요."

그런데 대부분의 사무라이들의 생활은 점점 더 곤궁해진다. 왜냐? 고용주인 번의 살림살이가 갈수록 어려워졌기 때문이지.

"아부지, 맛있어요?"

"..."

막부는 지방의 번들이 자신의 정권에 도전할 마음을 아예 먹지도 못하게 하려는 의도로 교묘하게 번의 재정을 고갈시키는 정책을 시행했다.

대표적인 예가 산킨고타이(참근교대) 제도인데 이는 지방의 다이묘들이 자기 번을 떠나 일정 기간 의무적으로 에도에서 머물도록 하는 제도이다.
에도에 들어올 때 행렬의 규모가 작거나 초라하면 번의 위신 문제라고 생각했기 때문에 다이묘들은 경쟁적으로 더 많은 인원을 동원하여 더 사치스럽게 행렬을 장식했다. 이게 다 돈이었던거지.

더구나 번마다 에도에 다이묘가 올라올 때 묵을 관사를 짓고 이걸 사람을 주재시켜 관리해야 했으니 다이묘들은 만성적인 재정적자의 문제를 안고 있었다.

산킨고타이 다이묘의 행렬 (부분)
출처 : 위키피디아

도쿠가와 막부체제에서 번의 운명과 사무라이 계급의 경제적 처지를 단적으로 보여주는 영화가 있어 소개한다. '하라키리(할복)-무사의 죽음'이라는 영화인데 1963년 원작이 있고 2012년 리메이크 버젼이 있다. 이 영화를 보면 세키가하라 전투에서 서군에 속했던 히로시마번이 억울한 이유로 영지를 몰수 당해 사무라이들이 경제적 어려움에 처하게 된다.

가난을 견디다 못한 한 젊은 사무라이가 부유한 이웃 번을 찾아가 할복을 할 수 있도록 마당을 빌려달라고 청한다.

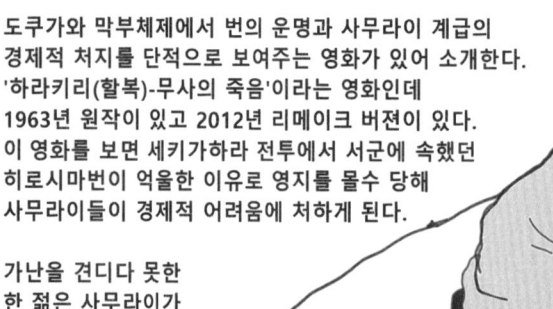

Chapter6. 사쿠라 피다

사무라이라고 다 같은 사무라이가 아니었다. 신분이 낮은 하급 사무라이는 상급 사무라이 앞에서 설설 기어야 했고 경제적으로도 가장 큰 고통을 겪어야 했다.

하급 사무라이들이 어려울 수 밖에 없었던 구조적인 이유가 있었다. 19세기 일본의 총인구 대비 사무라이의 비율이 7%였다고 한다.

이건 비정상적으로 높은 비율이다. 프랑스 대혁명 당시 타도 대상이었던 왕족, 귀족, 사제를 합해서 0.5%였다고 한다. 프랑스 귀족이나 일본 사무라이나 비생산 계급이다. 기생계층이 7%나 되었으니 하층 무사에게까지 돌아올 잉여생산물이 빡빡했겠지.

무사라고 체면을 지켜야 하나 몹시 배가 고프도다.

더구나 이들은 신분상승의 기회도 없었다. 사무라이들은 전쟁이 있어야 무공을 세워 신분상승을 노려볼 수 있는데 도쿠가와 막부의 평화로운 체제에서는 오로지 세습되는 신분대로 살아가는 수 밖에 없었다.

오, 끊어진 사다리여! 조선이나 청나라에는 과거제도라는게 있어서 개천에서 용 날 때도 있다던데...

이 당시 하급 사무라이들은 울고 싶은데 누군가가 뺨 좀 때려줬으면 하는 심정이었을거다. 그런데 정말 뺨을 때려준 사건이 일어났다.

Chapter 6. 사쿠라 피다

바로 막부의 타이로 이이 나오스케가 천황의 최종 결재를 기다리지 않고 미국과 맺은 1858년의 미일통상조약이 바로 그 사건이었다.

뺨을 때려줬다는 말이다.

존왕양이의 사상으로 무장한 미토번의 젊은 사무라이들이 에도성 사쿠라다문 앞에서 이이 나오스케의 목을 벤 사건이 막부 말기 혼란의 출발신호가 되었다고 이야기 한 바 있다.

존왕양이!

번을 뛰어넘어 일본이라는 나라에 대한 애국심을 가져야만 한다.

기성 체제에 불만을 품은 이들 젊은 하급 사무라이들은 막부체제를 벗어난 파격적 주장들에 귀를 기울였다. 미토번의 아이자와 세이지사이나 쵸슈번의 요시다 쇼인이 그런 주장을 펼친 인물들이다.
쇼인의 스승 격인 사쿠마 소잔 같은 이는 일본을 본격적으로 하나의 나라로 인식하는 근대적 안목을 제시했다.

사쿠마 쇼잔 (1811~1864)

경제적 불만에,

신분적 소외에,

이론적 명분론이 더해지면 뭔 일이 나도 나는 법이다.

이런 젊은 사무라이들이 답답한 번을 떠나 에도나 쿄토에 몰려들었다.
일부는 소속된 번을 뛰쳐나온(탈번) 낭인의 신분이었고 일부는 번의 명령에 따라 파견된 하급관리들이었다.

이들의 슬로건은 존왕양이, 스스로를 '지사'라고 불렀다.
고귀한 신념에 따라 행동하며 이 신념을 관철시키는 일이라면 목숨 따위는 신경쓰지 않는다는 뜻이었다.

이들 젊고 과격한 지사들이 중앙정치의 무대인 쿄토와 에도에 몰려와 협력하고 대립하면서 테러와 공작으로 막부말기를 뒤흔들었다.

Chapter6. 사쿠라 피다

어떤 젊은이들은 막부체제를 위협하는
존왕양이 지사가 되었지만

어떤 젊은이들은 막부의 편에 서서
완력을 제공하는 역할을 하였다.

대표적인 집단이 신센구미(신선조)였다.

막부의 누군가가 아이디어를 내었다.

난폭한 낭인들을 모아서 과격 지사들을
때려잡도록 하면 치안도 개선되고
불순분자들을 제거할 수도 있으니
일석이조 아니겠습니까?

무술을 좀 배워 몸이 근질근질한 자들이
모였다.

쌈 좀 하는 자 모집
숙식 제공

나중에 신센구미의
국장(대장)이 되는
곤도 이사미도
이런 젊은이들 중에
끼어 있었다.

곤도 이사미
(1834~1868)

신센구미라는 이름은 나중에 부쳐준 이름이고
처음에는 낭인들의 집단이니
그냥 로닌구미(낭인조)라고 불렀다.

Tattoo Man

초기의 로닌구미는 규율이 잡히지 않아 쿄토의 치안을 바로잡는다는 구실로 거들먹 거리며 조직폭력배 비슷한 행태를 보인다.

스모 선수들과 시비가 붙어 몇 명을 베어 죽인 일도 있었고,

극장이나 씨름장에서 질서를 유지해준다며 푼돈을 뜯어냈다.

거기, 새치기한 놈 이리 와!

야마토야라는 비단상인은 돈을 안낸다고 이들이 지른 불에 창고를 다 날렸다.

그 중에서도 두목 노릇을 하고 있던 세리자와 카모라는 친구가 특별히 난폭했었나 보다. 신센구미를 주제로 한 만화를 보면 이런 식으로 등장하는데,

사진이 남아있어 실제 모습을 알 수 있다.

그는 똘마니 몇을 데리고 다니며 여기 저기서 돈을 뜯어서 밤마다 호화로운 유곽에서 흥청거렸다.

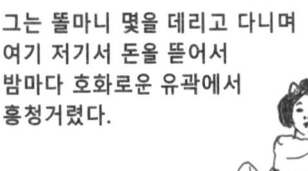

좀 더 신나는 댄스 없나?

Chapter6. 사쿠라 피다

이즈음 세리자와는 남의 마누라를 강제로 뺏아서 첩으로 삼고 있었는데 콘도 이사미가 믿을만한 친구 몇 명과 기습을 하여 세리자와를 암살해버렸다. 이 사건 이후 콘도 이사미와 히지카타 도시조의 체제가 확실히 정착하게 된다.

신센구미 국장
콘도 이사미

고향에서 콘도와 같은 검술도장을 다녔던 히지카타 도시조는 갸름한 얼굴에 미남형이었는데 꽤나 옷차림이나 외모에 신경을 썼다고 한다.
메이지 유신 때 콘도 이사미가 혁명군에게 체포되어 처형되고 나서도 계속 신센구미와 함께 후퇴하다가 홋카이도의 하코다데에서 벌어진 마지막 전투에서 전사했다.

부국장
히지카타 도시조
(1835~1869)

세리자와파의 제거를 전후하여 신센구미는 나름대로 엄격한 규율을 만들고 조직을 정비하였다.
공식 활동을 할때 입을 유니폼도 맞추었는데 츄신구라 47인의 사무라이들이 주군의 원수인 키라를 습격할 때 입었던 옷을 본 따서 소매에 삼각형의 흰 염색을 하여 모양을 내었다.
무사로서 정성을 다하여 막부를 지키겠다는 뜻으로 '성'자 깃발까지 만들었지.

신센구미는 검술 위주로 단원을 뽑아 칼싸움에서는 그들을 당할 자가 없었다고 알려져 있다. 특히 비교적 나이가 어렸던 오키타 소지는 천재 검객으로 유명했다. 역시 콘도 이사미와 같은 고향 출신이었던 그는 폐병으로 스물다섯에 요절하지만 만화나 드라마에 신센구미 이야기가 나올 때는 꼭 칼싸움의 달인으로 빠지지 않고 등장하지.

이렇게...

하지만 그도 실제 사진이 남아있다.

이 칼솜씨로 존왕을 부르짖는 지사들에게 무차별 테러를 가하여 신센구미는 캠프를 치고 있던 쿄토의 절 이름을 따서 '미부의 늑대'라는 별명으로 불리우고 있었다.

그러던 중 신센구미의 이름이 널리 알려지고 쇼군의 귀에까지 보고되는 일이 일어났다. 소위 '이케다야 습격'이라고 일컬어지는 사건이다.

이케다야는 쿄토 남부지역인 후시미에 있던 여관 이름이다. 지금은 건물이 없어지고 표지석만 남아 있는데 이런 정도의 여관이었을 것이다.

이 컷은 아직 남아있는 테라다야 여관이지만 쿄토 뒷골목에 낭인들이 드나들던 여관들이 대개 엇비슷하니까.

1864년 초여름, 이케다야에서 존왕파 지사들이 모여 쿄토 황궁을 장악할 모의를 하고 있다는 첩보가 신센구미의 정보망에 걸려들었다.

Chapter6. 사쿠라 피다

이케다야를 급습한 신센구미는 모여있던 반막부 존왕파 지사 여덟 명을 죽이고 스물세 명을 생포하였다. 기록마다 조금씩 다르지만 신센구미 측에서는 단 한 명만 전사하였다고 한다.

이 사건을 보고받은 막부는 아이즈번을 통하여 후하게 포상하였다.

기특한지고,
곤도 이사미
　금 30냥,
히지카타 도시조
　금 23냥,

이런 살벌한 사건의 무대 뒤에 로맨스가 하나 피어났다. 이케다야 사건에서 탈출해 살아남은 사람 중에 카쓰라 고고로가 있다. 후에 유신 3걸로 출세한 키도 다카요시이다. 그는 출세한 후에 한 여인을 아내로 맞았는데 그녀가 바로 쿄토에서 사귄 게이샤 이쿠마쓰였다.

이케다야를 구사일생으로 탈출한 후 키도 다카요시는 걸인으로 변장하고 가모강 니죠 다리 밑에 숨어서 동향을 살폈다.
이때 극진히 키도 다카요시를 챙겨준 여인이 기온 거리의 게이샤 이쿠마쓰였다.

메이지유신 후 장관이 되었을 때 키도 다카요시는 이쿠마쓰를 좋은 집안에 부탁해서 양녀로 삼게하여 신분세탁을 한 다음 아내로 맞아들였다.
마쓰코 부인이 그녀다.

키도 다카요시는 꽤 의리 있는 로맨티스트였나보다.

어쨌던 시대는 울고 싶은 사무라이의 뺨을 때려주는 시대였다. 쵸슈와 사쓰마와 도사에서 올라온 시골 무사들이 신센구미와 아이즈번과 어울려서 쿄토의 뒷골목은 칼싸움으로 넘쳐났다.

쿄토의 밤은 화려했다. 어쩌다 스폰서가 나서면 시골에서 맡아보지 못한 분냄새에 시골 무사들은 어지러울 지경이었다.

그건 존왕양이 지사나 막부수호의 신센구미나 마찬가지였다. 나라 걱정이란 혼자 다하고 틈만 나면 고담준론을 펼치지만 결국 이들 대부분은 20대 초반의 청춘이었으니까.

이처럼 막부 말기에 번을 뛰쳐나와 쿄토로 불나방처럼 모여든 젊은이들은 혼란과 칼부림 속에서 이름도 없이 죽어갔다. 그러나 몇몇은 이름을 남겼으니 요시다 쇼인, 사쿠마 쇼잔, 사카모토 료마, 사이고 다카모리, 오쿠보 도시미치, 기도 다카요시, 이토 히로부미 등등등이 그들이다.
이들의 공통점은?
한많은 하급 무사 출신이라는 점이다.

Chapter6. 사쿠라 피다

일본의 천황은 신화와 역사의 경계가 모호하다. 현대의 세계 국가 원수 가운데 유일한 사례일 것이다. 실제로 천황은 일본 역사의 대부분의 기간 동안 상징적인 존재였다.

형식적으론 이랬으나,

세이이다이쇼군으로 임명하니 오랑캐를 물리쳐 조정을 편안케 하시오.

황송하옵니다.

세이이다이쇼군을 줄여서 쇼군이라 불렀다.

실제로는 이랬다.

먹고 살게는 해드릴테니 오로지 예술과 학문에만 전념하고 정치 근처에는 얼씬도 마시오.

알겠소...

전국시대에는 난세에 이런 약속 마저 지킬 이가 없어 천황과 공경들은 큰 경제적 어려움에 처했다. 대원군으로 권력을 잡기 전의 이하응이 잔칫집의 개라는 모욕까지 받으며 난초를 그려서 팔아 생계를 이었던 것처럼 천황도 그림을 그려서 팔아야 했을 정도이다.

도쿠가와 이에야스의 막부가 들어서고 나서 중간급 다이묘 정도의 수입은 보장해줘서 그나마 형편이 좀 폈다.

그러나 막부의 힘이 약해지면서 천황이 갖는 정통성이 부각되기 시작했다.

형식적으로라도 정이대장군이라는 직책은 천황이 쇼군에게 준 것 아닌가?

여기에 성리학이 들어오면서 명분론 같은 것도 생기기 시작했지.

힘만 있다고 권력을 가질 수 있는가? 일본의 정통성은 누구에게 있는 것인가?

쌀이 떨어졌는데 뭔 소리여?

사쿠라다 문 밖의 사건이 막부말기 존왕양이
지사들에게 울린 스타트 총성이라고 했다.
이 신호에 가장 빠르고 격렬하게 반응한 번이
쵸슈번이었다.

이러고야 한 해를 시작했다고 한다.
여기서 때란 도쿠가와 막부를
공격할 때를 말하는 것이다.
그만큼 토자마번 중에서도
쵸슈번의 도쿠가와 가문에 대한
원한이 깊었다.
세키가하라 전투에서 도쿠가와와
내통을 하여 일종의 보험을
들어 두었는데 배신당하여
봉록이 120만석에서 37만석으로
무려 70%가 삭감되었다.

막부가 페리의 함대에 허둥대고
사쿠라다문 사건이 터지는 것을 보고는
260년 동안 기다렸던 때가
드디어 왔다고 생각했다.

쵸슈 번주
모리 다카치카
(1819~1871)

Chapter6. 사쿠라 피다

천황의 외국인 기피증을 이용하여 막부에 개항의 책임을 물으려고 했다. 쵸슈번의 다이묘 모리 가문은 천황과 먼 혈연 관계가 있어서 조정 내부의 공경 몇 명의 지원을 받고 있었다.

급기야 천황을 보호한다는 구실로 쿄토에 병력을 끌고 들어왔다.

쿠사카 겐즈이
(1840~1864)

쵸슈번이 막부 말기에 가장 과격한 번이었다면 그 쵸슈번 안에서 가장 과격했던 인물이 쿠사카 겐즈이였다.
그러니 당시 일본에서 가장 과격한 인사였다고 볼 수 있겠지.
그 역시 하급 무사 출신인데 키가 180 센티미터가 넘었다하니 그 당시 보통 일본 남자들보다 머리통 하나가 더 큰 체격이었다.
목소리는 기차 화통 같았다고 한다.

쿠사카 겐즈이와 그를 따르는 과격파 청년들이 주위의 만류를 듣지 않고 영국 공사관을 습격하고(1862년 12월), 시모노세키 해협에 정박 중이던 미국 상선에 포격을 가했다 (1863년 5월).
그때 스물 두 셋의 나이였는데 이런 나이의 청소년들이 역사를 흔들어대던 시절이었다.
후에 킨몬의 전투에서 총탄을 맞고 자결을 했는데 그때 나이 스물 넷.
정말 인생 한 방에 화끈하게 살다 간 그 시대 존왕양이의 청춘이었다.

사쿠라다문 사건 이후 1860년대초, 이렇게 쵸슈의 미친 듯한 독주가 이어진 시기였다.

쵸슈특급

무엇이던 지나치면 좋지 않은 법. 쵸슈의 단독 질주는 다른 번들을 불안하게 만들었다. 그 중 쵸슈와 양강으로서 라이벌 의식을 느끼고 있던 사쓰마번이 가장 초조해했다.

쵸슈번이 쿄토를 말아먹고 있잖아?

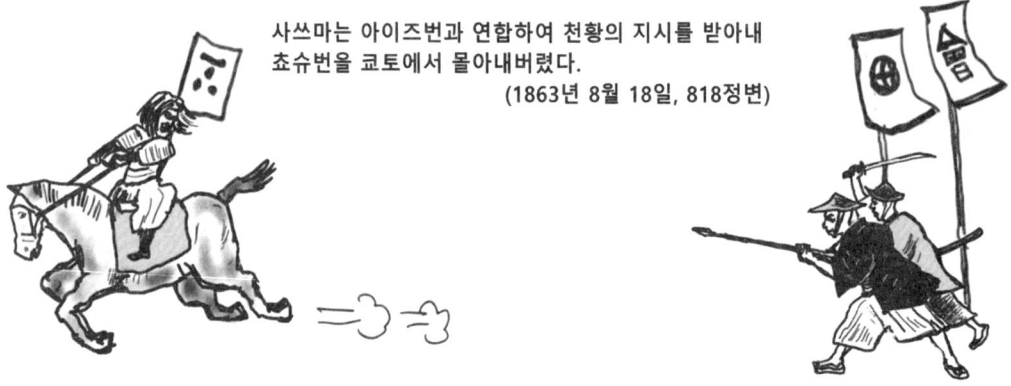

Chapter6. 사쿠라 피다

다음 해 쵸슈는 일대 반격에 나섰다.
천황의 궁을 지키고 있던 사쓰마, 아이즈번에 공격을 가했다. 이를 킨몬의 전투라고 한다.
킨몬은 금문, 즉 천황의 궁을 막고있는 문이다.
어찌되었건 쵸슈번은 천황의 궁을 공격한 꼴이 되어버렸다.

더구나 과격함에 있어서는 누구에게도 지지않는 쵸슈 사무라이들,
퇴각하면서 곳곳에 불을 질러 쿄토에 대화재가 발생하였다.
아까 이야기한 과격남 쿠사카 겐즈이가 자결한 것도 이 전투였다.

코메이천황, 진짜 화가 났었나보다.

황궁이 있는 방향으로 총을 쏘다니! 쵸슈는 역적이다. 쵸슈를 정벌하라!

작년에는 이런 충신이 없다고 하시고는.

거기다가 미국 상선을 포격하고 영국 공사관을 습격한데 대한 응징으로 영국, 프랑스, 미국, 네덜란드 4개국 연합군이 공격해 와 시모노세키 해안포대가 완전히 파괴되어버렸다.

쵸슈번으로서는 최악의 위기였다.

사면초가!

놀라운 유연성이다.

이런 유연성이 군국주의화 되면서 사라지고 끝내는 지는 전쟁을 붙들고 원자폭탄까지 맞게 되지만 이때만 해도 일본인들에게는 이런 유연성이 있었다.

어떻게 보면 이 유연성이 메이지유신의 핵심인지도 모른다.
출발은 존왕양이로 했지만 어느 싯점부터 '양이'라는 개념은 사라지게 된다.
놀랍게도 아무도 이 점에 대해서 시비를 걸지 않았다.
그래서 결국 메이지유신은 철저히 서양을 흉내내서 부국강병을 이루자는 거국적 캠페인으로 귀착된다.

Chapter6. 사쿠라 피다

사쓰마도 이 점에서 크게 다르지 않았다.

1862년 9월 요코하마 근처의 나마무기라는 마을에서 영국인 네 명이 말을 타고 가다가 무사들의 행렬을 만났다. 행렬의 선두에서 길을 비키라고 손짓을 했으나 영국인들은 그냥 말을 탄 채로 엇갈려 지나가려고 했겠지.

> 저 자는 가망이 없어보이니 가서 고통을 덜어주거라.

그 순간 행렬의 앞줄에서 몇 명이 튀어나가 일행 중 여자만 빼고 세 명을 베어버렸다.

이 행렬은 시마즈 나리아키라의 이복동생, 시마즈 히사미쯔의 행렬이었다. 히사미쯔는 심하게 베인 자를 위해 **coup de grace** (꾸 드 그라스)를 지시했다고 한다.

이렇게 해서 사쓰마 사무라이의 칼에 죽은 사나이는 찰스 리차드슨, 상해에서 사업을 하던 영국인이었다. 일본에 온지 일주일도 안되었을 때라고 한다.
일본에선 다이묘 레벨의 행렬을 막아서면 죽일 수 있었으나 영국인에게는 치외법권이 있었으니 영국 정부가 가만히 있을 리가 만무했다.

영국 함대 포격의 위력을 보고야 안주려고 버티던 배상금을 영국에 지급했는데 이후로 사쓰마와 영국은 대단히 돈독한 협력자가 된다.

> 이제부터 영국을 배우보자구.

이렇게 쵸슈와 사쓰마는 과격한 존왕양이의 번에서 서양의 문물을 적극적으로 받아들여 힘을 기르자는 소위 Look West의 번으로 변신하였다.
외국인에게 개항하였다고 막부 타이로의 목을 베었던 지사들이 현실적 대안을 선택한 것, 이것이 메이지 유신의 동력이다.

어쨌던 앙숙으로 으르렁대던 사쓰마나 쵸슈나 따지고 보면 지향하는 바가 별 다를 게 없었던거지.
이 점을 주목한 사나이가 있었다.

그러니까 천황폐하께 권력을 돌려드려야 겠다는거죠?

그렇소.

그리고 서양의 문물을 받아들여서 일단 힘을 기르자는거죠?

그렇소만.

짐작한대로 앞에서 소개한 사카모토 료마이다.
소설이나 드라마에서는 이 사나이를 외모에 신경을 안써서 머리는 항상 덥수룩하고 옷매무새는 헐렁한데다 살벌한 분위기에서도 코딱지나 후비는 배짱 좋은 인물로 묘사하고 있다.
료마는 도사번의 하급 무사 출신인데 도사번의 상하급 무사 사이의 신분차별이 어느 번 보다도 까다로웠다. 언젠가 료마의 입으로 한 이야기에 의하면,

쵸슈와 사쓰마가 손을 잡아야 일이 되는데...

일본의 나막신(게따)은 비가 많이 오는 일본에서 비포장 길을 버선을 젖지 않고 걸을 수 있는 매우 실용적인 물건이다.

그런데 이게 뭐라고 상급무사만 신을 수 있게 하여 하급무사들은 비만 오면 버선에 진흙을 묻혀야 했다는 거야.

젠장~

풍운의 시대에 이런 숨막히는 체제가 싫어 탈번하여 낭인이 된 사카모토 료마,
뭔가 가슴에 치밀어 오르는 게 있었을거다.
후에 서양 군대의 부츠를 어디선가 얻어 좋아라 신고 다녔다는데 고향의 신분 차별이 가슴에 맺혀서 그랬는지도 모르겠다.

이런 그에게 큰 영향을 끼친 인물이 있었으니,

Chapter6. 사쿠라 피다

가쓰 가이슈 (1823~1899)가 바로 그 사람이다.
그는 쇼군가의 하급 가신의 아들로 에도에서 태어났다.
이런 태생때문에 막부가 문을 닫을 때까지 막부의 편에 남았지만 젊고 과격한 존왕파 지사들과도 열린 마음으로 교류했던 특이한 인물이었다.
덕분에 유신 이후에 해군 장관과 참의(상원의원)의 자리에 오를 수 있었다.

스물두 살에 막부가 근대화 노력의 일환으로 세운
나카사키 해군조련소에 입학하여 4년 동안 서양 함정의 운영기술을 익혔다.

사카모토 료마가 가쓰 가이슈를 처음 만난 것은 1862년 쯤의 일인데 가쓰 가이슈가 칸닌마루라는 배의 부함장으로서 막부의 사절단을 태우고 미국에 다녀온지 얼마되지 않은 시점이었다.
칸닌마루는 제작은 네덜란드에서 하였지만 일본 국적의 배로서 최초로 원양을 항해한 배이다.

칸닌마루 편으로 함께 미국에 사절단으로 다녀온 사람들 가운데 어떤 일이 있었는지 기회가 있을 때마다 가쓰 가이슈의 험담을 하며 다닌 인물이 있었는데 다름아닌 메이지 시대의 교육가, 언론인, 개화사상가로 유명한 후쿠자와 유키치이다.

시방 사카모토 료마와 가쓰 가이슈의 만남이라는, 메이지유신의 중요한 대목을 이야기하고 있는 중이지만 이 사내를 잠깐 알아보고 가도록 한다.

후쿠자와 유키치
(1835~1901)

가쓰 가이슈는 칸닌마루가 일본을 떠나서 샌프란시스코에 도착할 때까지 뱃멀미하느라고 콧배기도 안 보였다니깐.
그런 사람이 무슨 해군이여?
천하에 허풍쟁이라구.

하지만 실제로는 일본의 1만엔 지폐의 주인공인 후쿠자와 유키치, 이 인물이야말로 대단한 허풍쟁이라고 할 수 있다.

후쿠자와 유키치가 오늘날에도 추앙되는 이유는 메이지 시대 국민계몽운동에 기여했다고 보기 때문이다. 당시 그가 세웠던 사설학원이 오늘날 게이오대학이 되어있다.

메이지 시대 일본의 베스트셀러인 국민계몽서 '학문의 권장'은 이 유명한 구절로 시작된다.

"하늘은 사람 위에 사람을 만들지 않았고 사람 아래 사람을 만들지 않았다."

'우리는 이것들을 자명한 진리로 믿는다.
모든 인간은 평등하게 창조되었다는 것을...'
이렇게 시작하는 미국독립선언문의 첫구절을
흉내낸 것이다.

표절이라고 밀어붙이고 싶은 생각까지는 없지만
그의 저술은 언제나 이렇게 서양의 지식들을 빌려다
조합하는 얄팍한 방식으로 이루어져 있다.
얄팍하다고 말하는 것은 그의 말과 글이
스스로의 깊은 사색과 성찰에서 얻어진 것이라기
보다 서양의 이 책 저 책에서 따온 것들을
그럴 듯하게 재포장했다고 밖에 보이지 않기
때문이다.

Chapter6. 사쿠라 피다

외국어나 외국문물을 접해본 사람이 극도로 희귀했기에 그 정도 얄팍함도 통하던 시절에 태어난, 때를 잘 만난 통역관이었다.
그 역시 나카쓰번(지금의 오이타)의 하급 무사로 태어나 괄시받는 게 싫어서 난학(네덜란드 문물 공부)을 시작했다.
어학에는 소질이 있었던지 네덜란드어를 곧잘했고 영어도 어느 정도 이해했던 것 같다.

그의 불행은 유능한 통역관이 그만 사상가로 과대포장 되어버린 것이다.

사상가가 아니라는 증거는 그가 일생동안 보여준 일관성 없고 맥락없는 행보이다. 자기 스스로 깊은 성찰을 통해 얻어낸 가치관이 아니므로 상황에 따라서 쉽게 태도가 변했다.
대표적인 예가 이웃 나라에 대한 태도이다.
그는 한때 서양의 계몽사상에 심취되어 조선의 젊은 정치가들과 교류하고 지원했다. 갑신정변을 일으킨 김옥균이 후쿠자와에게 충동질 당했던 대표적인 인물인데 이 이야기는 다음 기회에 정식으로 하기로 하고,

김옥균 (1851~1894)

청나라 정부를 그대로 두고 문명개화를 인도한다는 것은 턱도 없는 소리다.
리홍장이 백 명 있어도 안된다.

돈 앞에서 비열하기가 조선인 같다.

조선은 본래 논할 가치가 없다.
우리의 목표는 지나(중국)이기 때문에 우선 병사를 파견해 경성에 주둔중인 지나 병사를 몰살하고 대거 지나로 진입해 북경성을 함락시켜라.

조선과 청나라의 정세가 자신의 입맛에 맞게 흘러가지 않자 태도를 표변하여 극단적인 경멸주의자가 되었다.
주변국가에 대한 그의 독설들이 이후 조선병합에서 만주사변에 이르기까지 군국 일본의 폭력성을 부추기는데 일정 부분의 역할을 했으리라.

그는 입만 열면 '문명'을
부르짖었으나
기실 문명에 대한 주체적이고
깊은 이해는 없었다.
그에게 문명이란 서구화를
뜻했다. 이걸 '탈아론'으로
포장했는데 쉽게 말하면
아시아를 벗어나서
유럽 수준으로 놀자,
뭐 이런 주장이었다.

오늘날, 국제관계를 도모함에 있어서 우리나라는 이웃나라의 개명을 기다려 함께 아시아를 흥하게 할 방법이 없다. 에~또, 오히려 그 대오를 탈피하여 서양인들이 저들을 대하듯이 처분하면 될 뿐이다. (헛기침 한 번 하고) 나쁜 친구를 사귀는 자는 함께 오명을 뒤집어쓴다. 우리는 마음으로부터 아시아의 나쁜 친구들을 사절해야 한다. 에헴.

메이지유신의 사상적 빈곤성은 이 정도의 인물을 유신 최고의 사상가로 내세우는데서 드러난다.

사상이 꼭 필요하냐? 서양처럼 쎄지기만 하면 되지.

그래도 통역관으로서의 업적은 남겼다.
우리가 쓰고 있는 수많은 서양 개념어들이 후쿠자와의 작품이다.

civilization=문명
competition=경쟁
company=회사
speech=연설
democracy=민주주의

벨르 에뽀끄 시절에 허풍쟁이 올림픽이 있었다면
금메달은 아마 후쿠자와 유키치에게 돌아갔을
가능성이 많다.

하지만 유럽에도 만만찮은 허풍쟁이가
하나 있었는데 은메달 감은 됐을 것이다.
어린 시절 한 번쯤 읽어보았을
정글북의 작가 루드야드 키플링이
그 주인공이다.

그는 인도가 영국 식민지이던 시절
뭄바이에서 태어났는데
1899년 미국과 필리핀 사이에 전쟁이
벌어졌을 때 뜬금없이 미국을 응원하는
시를 한 편 지어 발표했다.

루드야드 키플링
(1865~1936)

# Chapter6. 사쿠라 피다

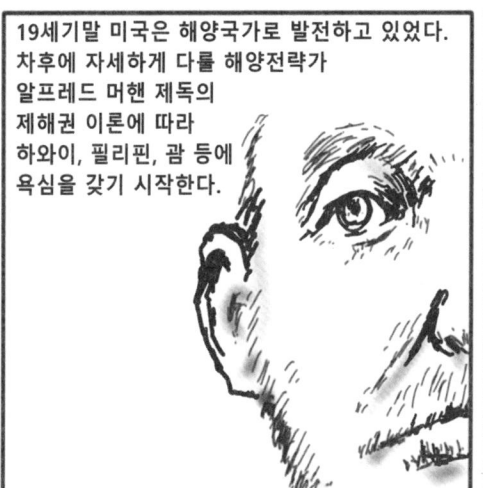

19세기말 미국은 해양국가로 발전하고 있었다. 차후에 자세하게 다룰 해양전략가 알프레드 머핸 제독의 제해권 이론에 따라 하와이, 필리핀, 괌 등에 욕심을 갖기 시작한다.

그 와중에 벌어진 필리핀과 미국의 전쟁은 미국의 배신으로 시작된 태생적으로 비윤리적인 전쟁이었다.

아귀날도장군, 우리가 스페인군을 몰아내는데 협조하면 필리핀의 독립과 미해군의 보호를 보장하오.

죠지 듀이 제독

키플링은 이 전쟁이 장차 자신의 조국인 영국의 해양 전력을 압도할 미국이라는 해양국가가 출현하는 과정이라는 것을 알기는 했을까?
그가 이 전쟁에 바치는 헌시는 인종주의적, 제국주의적 허풍으로 가득 차있다.
제목부터가 압권이다. '백인이 져야할 짐'(White Man's Burden). 첫번째 연이 이렇게 시작한다.

> 백인의 짐을 져라.
> 가장 잘 기른 아이들을 뽑아서 보낼지어다.
> 너희가 지배할 자들에게 봉사하기 위하여
> 너희 아들들을 오지로 보내라.
> 육중한 장비를 갖춰입고 봉사하게 하라.
> 정처없이 헤매는 미개한 족속들,
> 반은 악마이고 반은 아이인
> 너희가 새로 포획한, 감사를 모르는 인종들 위에서.

뒤의 일곱 연이 다 이런 식의 허풍으로 가득 차 있다.

그래서 '동물농장'과 '1984년'의 작가 죠지 오웰 같은 이는 한참 선배인 키플링을 사람 축에도 끼워주지 않았다.

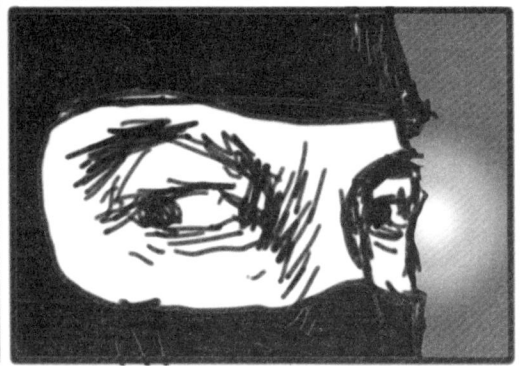

사카모토 료마 이야기를 하다가 엉뚱한 곳으로 한참 번져버렸다.

어디 다녀왔수?

사카모토 료마가 가쓰 가이슈를 처음 찾아갔을 때, 료마가 스물 여섯, 가쓰 가이슈가 설혼 아홉.
이때 료마의 목적은 막부의 고위관료인 가쓰 가이슈를 죽이려는 것이었다고 한다.

이 설은 약 30년 후 가쓰 가이슈가 말년에 신문기자와 인터뷰하면서 한 말을 근거로 한 것인데 평소의 사카모토 료마의 행적으로 봐서 좀 부풀린 이야기라고 본다.
그만큼 자기를 만나고 나서 사카모토 료마가 180도 변했다는 것을 자랑하고 싶었겠지.
왜 우리 원로들도 인터뷰할 때 조금씩 뻥을 치곤 하지 않는가?

나 지금도 필드 나가면 싱글은 쳐.

가쓰 가이슈는 달변이었다. 그날도 조금씩 부풀려서 사카모토 료마의 혼을 쏙 빼놓았겠지.

미국에 샌프란시스코라는 곳을 가면 말일세, 쇠로 만든 다리가 오십리도 넘는 게 있거든.

에이~
금문교는 1933년에 지어지는거잖아요?

그런가?

Chapter6. 사쿠라 피다

어쨌던 이 만남 이후 사카모토 료마는 가쓰 가이슈에게 푹 빠지고 말았다. 그는 도사의 집에 이렇게 편지를 썼다.

그의 거시적 안목과 서양에 대한 지식은 대단해요. 내가 가장 존경하는 스승입니다.

존경심이란 대개 상호적인거다. 가쓰 가이슈도 열세 살이나 어린 료마를 높이 평가했다. 만년에 이렇게 회상했다.

사카모토씨는 냉철한 지성을 가지고 있었지. 그리고 뭔가 침범할 수 없는 묘한 힘이 감돌고 있었어.

과연 사카모토 료마는 일개 탈번 낭인에 불과했지만 열린 생각과 당대 일류급 인재들과의 적극적인 교류로 웬만한 다이묘보다 훨씬 세련된 시국관을 가지고 있었다.

사카모토 료마의 시국관을 종합해보면 이런 식이었다.

막부는 이미 그 효용성을 다했다. 막부체제로는 오늘의 사태에 대처할 수 없다. 따라서 막부를 해체하고 전국에서 인재를 등용하여 길러야 한다. 서양의 문물을 적극적으로 받아들이고 상업을 장려하여 부를 쌓아야 한다. (이건 막부가 미워, 때려부수고 싶어 같은 감정과는 차원이 다른 생각이었다.)

막부니 번이니 사무라이니 평민이니 하는 것들은 다 좁아터진 생각이다. 일본이라는 나라 전체를 생각해야 한다.

이 역시 지금 들으면 별 것 아닌 생각 같지만 당시로선 대단히 앞서나가는 발상이었다.

그런데 말이지, 이 모든 일을 피 흘리지 않고 협상과 양보로 이루어내고 싶단 말일세.

그 자신 상당한 검술의 고수였으나 이 점이 칼 한 자루 믿고 날뛰던 당시의 과격한 존왕양이 지사들과는 다른 품격이었다.

Chapter6. 사쿠라 피다

"오우, 수고이!"

마니에식 라이플

삿쵸동맹이 맺어진 것도 모르고 막부는 2차 쵸슈정벌에 나섰다.
물론 사쓰마번은 막부의 동원령에 응하지 않았지.
오히려 사쓰마번에 무기를 공급하던 토마스 글로버라는
영국 상인을 소개해서 쵸슈번은 최신식 소총으로 무장할 수
있게 되었다.

라 벨르 에뽀끄 시대의 어두운 면은 산업화와 더불어
살상 무기가 비약적으로 발전된 시대라는거다.
그래서 이 시대가 끝나면서 벌어진 제1차 세계대전에서
유럽인들은 이때까지 경험해보지 못한 참상을 겪게 된다.
그건 나중 일이고 일본 막부말기의 혼란 속에서 서양
상인들은 소총과 대포를 팔아 한 몫을 건졌는데
막부나 번의 입장에서는 최신식 무기를 충분히 구입할 수
있느냐가 전쟁의 승패를 갈랐다.

막부 말기에 활약한 상인 토마스 글로버는 스코틀랜드 출신으로서
자딘-메터슨의 에이전트였다.
그가 살던 집이 1945년의 원자탄 투하에도
불타지 않고 나카사키 언덕 위에
남아 지금은 유명 관광지가
되어있다.

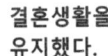

이 토마스 글로버가 푸치니의 유명한 오페라
마담 버터플라이(나비부인)의 모델이라는 설이 있는데
확인되지는 않은 사실이다.

오페라에서는 나비부인 쵸쵸상이 기다리던
미국 애인 핑커튼에게 배신 당하고 자살을 하지만
글로버는 쓰루라는 일본 여자가 죽을 때까지
결혼생활을
유지했다.

글로버가든의 2층 테라스에서 내려다 보면 나카사키 항구가 눈에 들어온다.
마담 버터플라이는 소식없는 애인 핑카튼을 기다리며 그 유명한 아리아 '어떤 개인 날'을 부르지.
글로버가든의 2층 테라스에서 바라보는 풍경이 오페라의 상황과 너무 흡사하여 마치 이 아름다운
아리아가 어디선가 들려올 듯 하다.

어떤 개인 날 우리는 보리라
바다의 먼 수평선에서
연기가 한 줄기 피어오르는 것을
그리고 하얀색 배가 나타나고
그리고 그 하얀 배는
항구에 들어오지 기적을 울리며

너는 보이니? 그가 오는 것이
나는 그를 만나러 가지 않아, 나는 안 가
나는 언덕 위에 서서
오래오래 기다리지
그렇지만 기다리는데 지치지 않아

번잡한 시가를 벗어나
한 사람이 온다
한 사나이가 아주 조그만 점이
언덕을 올라오지
누구지 누굴까?

(후략)

잠시 본론을 잊어버리고 120년 전의
신파 최루탄 오페라에 빠져 주책을 떨었다.
줄거리는 신파라도 이 아리아는 어쨌던 멋있으니까.
그리고 암만해도 마리아 칼라스가 부른게 아직은
최고인 것 같다.

Chapter6. 사쿠라 피다

막부군의 쵸슈 2차 정벌은 형편없는 대실패로 끝났다.
쵸슈번의 대응은 1차정벌 때와는 전혀 달랐다.
군사적으로 더 강해지기도 했겠지만 삿쵸동맹이라는 외교적 배경을
갖추고 있었고 천황의 노여움도 이미 사그라져 있었기에 정통성의
부담도 덜했다.
성과없이 지루한 공방전을 벌이던 끝에 쇼군 이에모치의 급사를 핑계로
막부군은 서둘러 철수했다.
(1866년 7월)

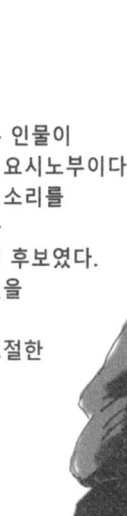

이에모치의 뒤를 이어 쇼군의 자리에 오른 인물이
앞에서 언급했던 미토번 출신의 도쿠가와 요시노부이다.
도쿠가와 가문 전체에서 가장 총명하다는 소리를
들으며 자라온 요시노부는 사실 전임 쇼군
이에모치가 쇼군이 될 때부터 강력한 경쟁 후보였다.
이때 쇼군이 되었더라면 그의 유능함이 빛을
볼 수 있었을까?
열두살에 쇼군의 자리에 올라 스무살에 요절한
도쿠가와 이에모치의 임기 8년 동안
막부의 위상은 이미 옛날의 그것과
비교할 수 없을 정도로 추락해있었다.

에도 막부의 주인이 바뀐지 반년도 안되어 쿄토 조정의 주인이 바뀌는 일이 발생했다.
코메이 천황이 설흔여섯의 젊은 나이로 급사한 것이다.
그의 죽음을 두고 루머가 흘러다녔다. 막부를 무력으로 토벌하려는 사쓰마, 쵸슈가 이들과 내통한 쿄토의
공경들과 짜고 독살하였다는 것이다.
코메이천황은 외국인에 대하여 체질적인 혐오증을 가지고 있었고 막부가 문을 닫는 것 같은 급진적인 변화를
전혀 원하지 않았기에 개혁성향의 번들에게 걸림돌로 느껴지기는 했을 것이다.
더구나 코메이천황은 젊은 나이에 감기 정도 외에는 앓아본 적이 없던
건강체질이었기에 이 루머는 아직도
음모론으로 떠돌아다니고 있다.

어쨌던 1867년 2월,
만 열다섯이 채 안된 소년
미쓰히토 왕자가 천황의 자리에
올랐으니 그가 바로 메이지천황이다.

누구든 쿄토의 조정을 장악하면
자기 마음대로 그림을 그릴 수 있는
백지가 마련된 것이다.

이때 찍은 사진을 보면
공경들이 교육을 시켰겠지만
위엄있게 보여야 한다는 생각에
극도로 긴장한,
과장된 복식에 얼어붙은 열다섯 소년의
앳된 모습을 볼 수 있다.

하지만 그의 생전에 청일전쟁과 러일전쟁을
치루며 일본이 아시아의 강국으로
인정받게 되고
조선을 합병하는 등 본격적인
제국주의의 길로
들어서게 된다.

메이지천황
(1852~1912)

Chapter6. 사쿠라 피다

이때 메이지천황의 조정에서 근무하는 공경들 가운데 사쓰마, 쵸슈의 반막부 세력을 적극적으로 대변한 인물이 이와쿠라 도모미와 산조 사네토미. 둘은 메이지유신 후 혁명세력들로부터 최고의 대우를 받았고 이와쿠라 도모미는 이 이야기의 도입부에 등장한 1872년 구미사절단의 단장을 맡았다.

천황폐하로부터 '무력으로 막부를 토벌하라.' 이런 칙지가 2~3일 내에 내려올거요. 우리가 결재서류를 올려놓았거든.

이 정보를 입수한 도쿠가와 요시노부, 그의 번득이는 총명함으로 선수를 쳤다. 아무리 허울 뿐인 천황이라도 막부토벌이라는 명령을 입 밖으로 내는 순간 막부로서도 정통성의 문제가 생기는 것이다. 그런 일이 생기기 전에 '대정봉환'이라는 승부수를 던졌다.
천황으로부터 위임받은 쇼군의 자리, 즉 일본의 실질적 통치자라는 타이틀을 반납하겠다는 거다.

요시노부가 쇼군직을 사임하고 폐하께 정권을 봉환합니다.
Now, I am just one of Daimyos.

토막파들로서는 막부를 공격할 명분이 갑자기 사라져버렸다. 요시노부의 계략은 이러했다.

어차피 도쿠가와 가문이 상대적으로는 아직 최강이다. 그러니 쇼군이라는 명예를 포기하더라도 번들의 연정을 우리가 주도하면 여전히 실질적인 권력은 도쿠가와 가문에 남게 되는 것 아니겠어?

말썽 많은 타이틀은 반납하겠지만 번들을 체스판의 말로 생각하고 실질적인 권력은 계속 유지하겠다, 이런 생각이었지.

잘 되었을까?

잘 되지 않았다.

쿄토에서 갈수록 토막파의 발언권이 강해져서 상징적 타이틀 반환 정도로는 어렵게 흘러가고 있었다.

도쿠가 가문의 영지를 몰수하고 대표 다이묘의 권한도 박탈해야 하오!

요시노부 화가 났다.

짜식, 이거 너무 심하잖아?

내가 쿄토로 가서 천황을 직접 만나뵙고 억울함을 호소하겠노라. 즉시 준비하도록!

명분은 억울함을 호소한다고 했지만 15,000명의 병력을 끌고 쿄토로 들어가는 것은 군사적 위력을 과시해서 까불지 못하게 하겠다는 이야기지.
당시 사쯔마, 쵸슈가 쿄토에 주둔시켜 놓은 병력이 합해서 5,000명 정도. 세 배나 되는 병력을 끌고 나선 것이다.

이때부터 1년 반동안 도쿠가와 진영과 반막부 번들 사이에서 벌어진 전쟁을 보신전쟁이라고 한다.
(1868년 1월~1869년 6월)
전쟁이 벌어진 해가 무진년이었는데 일본말로 읽으면 보신년이래서 그렇게들 부르고 있지.

Boshin War

메이지유신을 무혈혁명이라고 알고있는 경우가 많은데 성과에 비하여 피를 덜 흘렸을 뿐이지 무혈은 아니었다. 보신 전쟁은 쿄토 남쪽의 도바, 후시미지역에서 첫 전투 후 막부군이 계속 북쪽으로 패주하며 전투가 벌어졌다.
중간에 아이즈번에서 소년군 백호대가 전멸한 이야기는 이미 했고. 더 올라가 홋카이도의 하코다데에서야 종결된다.

가장 중요했던 전투는 도바-후시미의 첫 전투인데 여기서 병력이 세배나 되는 막부군이 대패하여 요시노부가 밤 사이에 막부해군의 군함을 타고 에도로 도망치는 지경에 이르렀다.

어떻게 막부군은 세 배나 되는 병력으로 질 수 있었을까?
어떻게 사쯔마, 쵸슈는 세 배나 되는 막부군을 물리칠 수 있었을까?

Chapter6. 사쿠라 피다

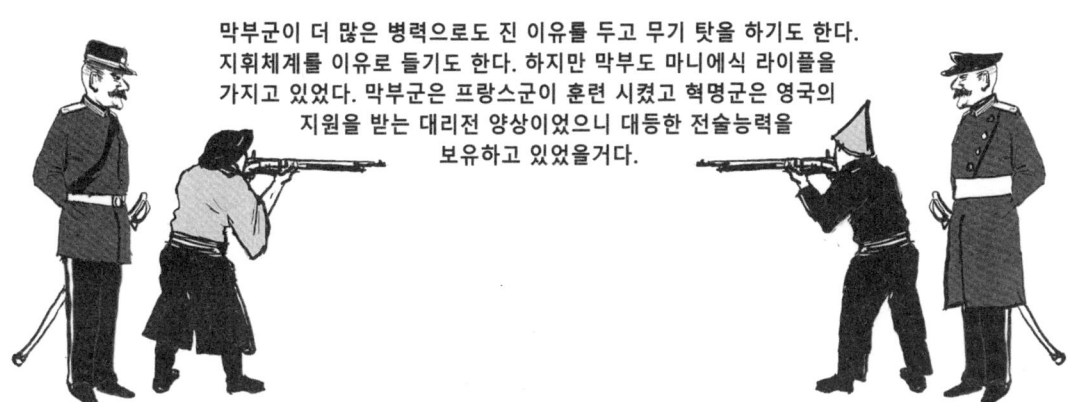

막부군이 더 많은 병력으로도 진 이유를 두고 무기 탓을 하기도 한다. 지휘체계를 이유로 들기도 한다. 하지만 막부도 마니에식 라이플을 가지고 있었다. 막부군은 프랑스군이 훈련 시켰고 혁명군은 영국의 지원을 받는 대리전 양상이었으니 대등한 전술능력을 보유하고 있었을거다.

가장 큰 이유는 이것이었다.
일본 천황의 국화 문장.

혁명군은 천황 문장 깃발을 대량으로 만들어 심리전에 써먹었다. 막부군의 사기는 이 문장을 보고 무너지고 말았다.

동물들의 싸움이라면 덩치가 크거나 숫자가 많은 쪽이 무조건 이긴다.
그러나 인간이란 그저 국화 무늬 하나에도 무너지는 상징의 동물인가보다.

쿄토의 후시미 전투에서 보신전쟁은 이미 기울었다고 보아야 한다. 그러나 막부군, 아이즈번에 신센구미의 잔당까지 섞인 패잔병들은 1년반 동안 저항하며 바다를 건너 하코다데까지 갔다.

250년 전 세키가하라에서처럼 동군과 서군이 나뉘어 싸웠는데 이번에는 서군이 이긴거지.

하코다데
아이즈
도바-후시미
에도

이 과정에서 잘 알려진 이야기가 에도성 무혈입성이다. 막부군이 저항없이 본거지인 에도성의 문을 열어준건데 이 문제를 놓고 담판을 한 당사자가 막부측에서는 가쓰 가이슈, 혁명군 측에서는 사이고 다카모리였다.

이 두 사람은 초면이 아니었다. 4년전 사쓰마가 쵸슈와 싸운 킨몬의 전투 당시 쿄토에서 만났는데 이 참에 확실히 쵸슈를 밀어부치려던 사이고 다카모리에게 가쓰가이슈가 초롱초롱한 눈빛을 뿜으며 이렇게 말했다고 한다.

사이고상, 내가 막부에 몸 담고 있어서 아는데 말이야 막부는 이제 글렀소. 양이를 제대로 할려면 막부는 포기하고 똑똑한 번 몇이 협력해서 군사력을 기른 다음 대등한 입장에서 서양과 협상해야 할꺼요. 그러니 쵸슈를 너무 끝까지 몰아부치지 않는게 좋아요.

가쓰 가이슈의 안목에 감탄한 사이고 다카모리, 훗날 유신정부에서 권력을 잡았을 때 막부출신이라는 빨간 줄이 그어져 있음에도 가쓰 가이슈를 해군대신으로 적극 밀어주었다.

더 훗날의 일이지만 사이고 다카모리가 유신정부에 반기를 들어 세이난 전쟁을 일으키고 죽은 후 가쓰 가이슈는 그의 복권을 위하여 최선을 다했다. 생전에 둘은 자주 만나는 절친한 사이는 아니었음에도 장장 30년에 걸쳐 이어진 사나이들의 의리와 인연이었다.

# Chapter6. 사쿠라 피다

1867년 12월, 막부가 대정봉환을 발표한 직후 괴한들이 쿄토의 오미야라는 여관에 머물고 있던 사카모토 료마와 그의 동지 나카오카 신타로를 덮쳤다. 칼을 미처 쥐지 못한 료마는 즉사했다. 자신의 설흔살 생일을 하루 앞둔 날이었다.

오미야라는 여관은 없어져서 그 자리에는 자그마한 표지석과 안내판만 있다. 교토의 번잡한 거리 가와라마치의 상가를 지나다보면 눈에 뜨인다.

사카모토 료마, 나카오카 신타로의 조난처

신센구미의 짓이라는 설이 유력했으나 보신전쟁 중 체포된 콘도 이사미는 부인했다. 그 후로도 여러 명의 용의자가 떠올랐으나 암살범의 정체는 역사에 묻혀버리고 만다.

나 콘도 이사미, 거짓말은 하지 않는다.

260년을 버텨온 도쿠가와 막부도 역사 속으로 묻혀버렸다. 도쿠가와 가문은 에도 옆 시즈오카 일대에 영지를 소유한 일개 다이묘로 전락했다.

문제는 3만명에 이르던 막부의 가신들이었다.

줄어든 영지에서 수용할 수 있는 인원은 최대 5천명. 나머지 2만5천명은 따로 살 길을 찾아야 했다.

유신정부에 연줄이 있거나 특별한 기술이 있다면 모를까 대부분은 260년 물려받은 철밥통을 떠나서 먹고 살 일이 막막했다.

그 가운데 기무라 야스베란 자가 있었다.

도쿠가와 가문의 사무라이 가운데 꽤 높은 계급이었다는데 그도 먹고 살아야 했기에 직업훈련소를 찾았다.

제빵과로 배정됐어요. 상투는 자르고 오세요.

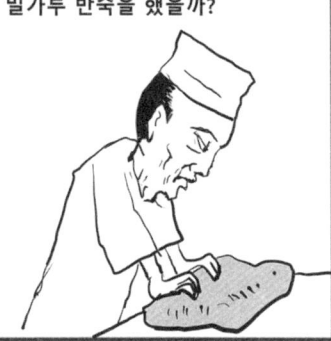
훈련생들은 대부분 유신의 와중에 밥그릇이 없어진 전직 사무라이들. 당시 이미 50줄에 들어선 기무라 야스베, 무슨 생각을 하며 밀가루 반죽을 했을까?

직업훈련소를 마친 기무라 야스베, 수많은 시행착오를 거쳐 서양 어느 나라에도 없는, 단 것 좋아하는 일본인들 입맛에 맞춘 빵을 만들어냈다.

우리가 단팥빵이라고 부르는 안빵을 만들어 내놓은 거지.

호빵맨의 원조 일본에서는 호빵맨을 안빵에서 따온 캐릭터이기에 안빵맨이라고 부른다.

토쿄에서도 가장 번화한 긴자거리, 요즈음도 그곳에 놀러나온 일본인들은 19세기말에 실직한 사무라이 기무라 야스베가 세운 빵집 기무라야에 들르는 일을 빼먹지 않는다고 한다.

단팥빵도 어찌보면 메이지유신의 산물인 셈이다.

 Chapter6. 사쿠라 피다

막부가 사라졌다고 모든 문제가 해결된 것은 아니었다.
일본 사회는 어지러웠고 곳곳에서 잇키라고 부르는
농민봉기가 이어졌다.

유신정부는 몇가지 중요한 개혁 조치를 진행했다.
하루 빨리 천황을 정점으로 하는 중앙집권체제를
확립해야 했고 그러려면 봉건적 지방분권체제로서
다이묘들이 지배권을 행사중인 번 시스템을 손봐야 했다.

그래서 1869년 시행한 조치가 판적봉환.
판은 다이묘가 지배하는 영지를 말하고 적은 호적,
즉 다이묘 지배하의 백성들을 말한다.

그러니 판적봉환이란 다이묘가 지배권을
갖고있던 영토와 백성을 천황에게 도로
돌려드린다, 이런 뜻 되겠다.

판적봉환 후에 중앙정부가 직접 관리하는 부,
중앙정부에서 파견된 관리가 다스리는 현,
그리고 옛날처럼 다이묘가 그대로 다스리고
있는 번,
이런 식으로 뒤죽박죽 어정쩡한 판이 지속
되다가 1871년에 이르러 번을 사그리 없애고
전 국토를 현으로 나누어 중앙에서 관리를
파견하였다.
이를 번을 없애고 현을 둔다 하여, 폐번치현
이라고 한다.

版籍奉還 (판적봉환)

廢藩置縣 (폐번치현)

이로써 영토와 백성을
지배하는 다이묘는
사라지게 되었고
막부 말기에 300개에
가깝던 번이 40여개의
현으로 통폐합된
중앙집권체제가
오늘에 이르고 있다.

이를 두고 혹자는
이렇게 이야기 한다.

메이지정부는 지방 다이묘들의 권리를 거두어오면서 상당한 댓가를 지불했다.
첫째, 유럽의 귀족제도(Peerage System)을 본따서 화족제도를 만들었다.
15만석 이상 다이묘는 공작, 5만석 이상은 백작, 쵸슈와 사쓰마의 다이묘는 공로가 크니 공작, 도사번은 후작, 뭐 이런 식이었지.

간판에 훈장에 여생을 품위있고 여유롭게 보낼 수 있는 봉록까지, 게다가 자식에게 세습까지 가능했으니 작은 댓가가 아니었다.

둘째는 번을 없애면서 다이묘들의 악성 채무를 중앙정부가 다 떠맡아준 것이다.
도쿠가와 막부시절에 대부분의 번들이 막대한 재정적자에 시달렸다고 했지. 막부가 번을 견제하기 위하여 각종 의식과 부역으로 초과지출을 강요했기 때문에 다이묘들은 상인들에게 크고 작은 빚을 잔뜩 지고 있었다.
그대로 두었으면 도산할 번이 한 둘이 아니었을텐데 이걸 한 방에 해결해줬으니 대단한 혜택이었다.
그럼 중앙정부는 떠맡은 빚을 다 갚았을까? 신생정부도 예산이 모자랐기 때문에 반 정도 뚝 잘라서 그 마저도 수십년에 걸쳐 푼돈으로 상환했다.
그러니 메이지유신에서 실제로 희생한 계급을 굳이 들라면 상인 계급이라고 해야겠지.

지배계급인 사무라이들이 판적봉환이나 폐번치현보다도 정작 받아들이기 힘들었던 개혁조치는 이것이었다.
.
.
.
국민징집제도.
이게 왜 문제가 되었을까?

이제부터 신분에 관계없이 모든 국민이 병역의 의무를 진다.

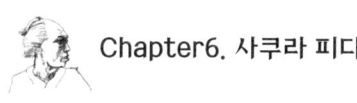
Chapter6. 사쿠라 피다

막부시대에는 오직 사무라이만이 직업군인이 될 수 있었다. 그런데 징집령이 시행되면 사무라이나 농민이나 똑같은 계급장을 달고 군인이 되는 것이다.
농민은 농민대로 불만이었고,

"잘난 사무라이 나리들이나 하시지, 왜 우리가 전쟁터에서 목숨을 내놓아야 해?"

사무라이들은 사무라이들대로 불만이었다.

"우리더러 저런 농투성이들과 전쟁터에 나가라는 거야? 사무라이의 명예가 있지."

징병제와 함께 사무라이들의 감정을 자극한 것이 '폐도령'이었다.

"이제 메이지정부의 든든한 치안 상태에서는 칼을차고 다닐 필요가 없다. 사무라이들도 칼을 지니고 다닐 수 없다. 집에 두고 다니도록."

"무슨 소리, 칼에는 무사의 영혼이 깃들어 있는거여."

사실 칼 두자루 떼어놓는 게 무슨 큰 문제가 되겠는가? 유신정부의 일련의 사무라이 특권 폐지 정책으로 쌓인 불만 때문에 떼를 써보는거지. 그런데 징집제도는 심각한 문제였다.
명예도 명예지만 사무라이들의 밥줄에 관련된 문제인 것이다.

"농민도 군인이 될 수 있으면 우린 뭐하란 말여? 빵집이나 하란거여?"

모든 역사는 말한다.
밥그릇은 위대하다.
그런데...
이 문제가 엉뚱한 방향으로 발전했다.

사이고 다카모리를 앞장세운 정한론이 불거져
나온 것은 유신정권의 핵심인사들이
이와쿠라사절단으로 유럽을 여행 중이던 시기였다.
본국에서 들려온 정한론에 놀라서 키도 다카요시와
오쿠보 도시미치가 중간에 황급히 귀국하였다

물론 이들이 평화주의자라서 정한론을 반대한 것은 아니다.
지금은 정부가 들어선지 얼마 안되어 취약하니 부국강병 프로젝트를
어느 정도 마무리한 다음에 조선을 침략하자 이런 주장이었지.
우선순위가 달랐을 뿐이다.

일본의 소위 '우익 지도층'들은 이웃나라가
약해보이면 언제든지 침략전쟁을
일으킬 수 있도록 교육받은 사람들이다.
이 점은 토요토미 히데요시에서
아베 신죠까지 변하지 않는 전통이다.

경험해본 사람들은 다 동의하겠지만 일반적인 일본 시민들은 매우 예의 바르고 경우가 있다. 평균적인 일본인들은 남에게 폐를 끼치지 않도록 교육을 받으며 자란게 틀림없다.

그러나 회사나 관청이나 정부의 높은 자리에 올라간 사람들부터 조금씩 이상해지기 시작해서 급기야는 이런 막말꾼들이 심심찮게 나타나기까지 한다.

어릴 때부터 달리 교육을 받는건지,

조선은 우리가 지배했던 나라이니 무시해도 된단다.

나이 들어서 교육을 받는건지 알 수 없지만

이 자리까지 왔으니 이제부턴 마구 굴어도 괜찮네.

어쨌든 이들은 전혀 다른 교육을 받았겠구나 하는 생각이 든다.

이 사람들은 대부분 스스로를 우익이라고 자처하는데 식민지와 침략전쟁에서 저지른 잘못에 대하여 자기보다 약하다고 생각하는 상대에게 절대로 사과하지 않는다. 앞으로도 하지 않을 것이 분명하다.

에~또, 한 때 있었는지도 모르기도 하는 과거사에 대하여 유감이라고 말씀드리기가 곤란할지도 모르겠다고 생각되어지는 바가 없지 않기도 하고...

왜 그럴까?

이유는 아주 간단하다.

언젠가는 똑같은 짓을 되풀이 할 생각이기 때문이다.

과거의 침략을 사과해버리면 미래의 침략을 정당화하기가 너무 힘들어진다.

어쨌든 이들은 모두 일본 우익의 줄기이므로 정한론 자체가 아닌 조선 침략의 싯점에 대하여 논쟁이 벌어진 것에 불과하지만 이 시비는 메이지정부 권력 파벌 사이의 일대 결투장이 되어버렸다. 이 결투에서 맞붙은 인물은 30년 고향 친구인 사이고 다카모리와 오쿠보 도시미치였다.

Chapter6. 사쿠라 피다

사이고 다카모리 (1828~1877)
오쿠보 도시미치 (1830~1878)

사이고 다카모리와 오쿠보 도시미치는 사쓰마의 고향 친구로 자라나 신분에 관계없이 똘똘한 사무라이들을 중용했던 시마즈 나리아키라에 의해서 발탁되었다. 사이고가 대단한 카리스마를 가진 로맨티스트였다면 오쿠보는 냉철한 현실주의자로서 독선적 실천가였다. 사실 메이지유신 초기 10년의 개혁은 거의 오쿠보 도시미치에게서 나온 것이라고 해도 과언이 아니다.

2차세계대전 후 일본을 통치하게된 미국 군대가 인류학자에게 일본의 문화와 기질에 대한 보고서를 의뢰한 적이 있다. 이렇게 쓰여진 책이 유명한 루스 베네딕트의 '국화와 칼'이다. 오늘날 다시 읽어도 한 번도 일본에 가본 적이 없는 사람이 썼다는게 믿기지 않을 정도로 대단한 통찰력을 보여준다. 루스 베네딕트는 도쿠가와 막부시절까지 일본의 봉건체제를 유지해온 가치관을 은혜와 의리로 파악했다. 쇼군과 다이묘, 다이묘와 가신 사이에 은혜를 베풀고 이를 갚는 의리로 세상이 돌아갔다는 이야기다.
(츄신구라 이야기를 기억하라.)

사이고 다카모리는 이 전통적 가치관에 충실한 사람이었다. 그래서 사무라이들의 특권을 폐지하는 오쿠보 도시미치가 실질적으로 이끄는 메이지정부에 분개했다. 반면에 오쿠보 도시미치는 라이벌 번인 쵸슈 출신의 이토 히로부미를 자기 후계자로 키울 정도로 근대적 가치관을 가지고 있었다.
서양 복장과 문물을 워낙 좋아해 유럽에서 보고 온 서양 귀족들 처럼 차려입고 다녔다.

하급무사 가문에서 태어난 그는 출세의지가 강했다. 시마즈 나리아키라가 죽고난 후 권력을 잡은 시마즈 히사미쓰에게 줄을 대기 위해 그가 좋아한다는 바둑 공부를 열심히 해서 고수가 되었단다.
하지만 청렴했던 모양이다. 실권을 쥔 내무장관으로 죽었을 때 재산이 요즘 돈으로 5천만원, 빚이 3억이었다고 한다.

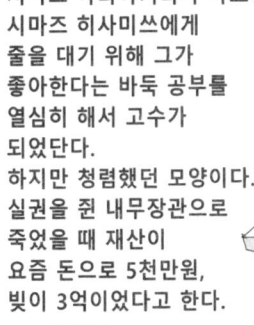

저 차려입은 꼬라지하고 수염 좀 보라지.

자기가 서양인인 줄 아는 모양이야.

그 사람 너무 일찍 죽어서 그래. 나처럼 오래 살았어봐.

정한론으로 정면으로 맞붙은 오쿠보 도시미치와 사이고 다카모리의 권력투쟁에서 공경 출신인 산죠 사네토미, 이와쿠라 도모미의 지원을 받은 오쿠보가 승리를 거두었다.

이때부터 오쿠보 도시미치와 이 공경 출신 대신들은 사무라이들의 공적이 되고 만다.

정한론 논쟁에서 밀린 사이고 다카모리와 그에 동조하는 사쓰마, 도사, 히젠번 출신 참의(국회의원)들이 대거 사표를 내어 불만을 표시하고 고향으로 돌아가 버렸다.

Chapter6. 사쿠라 피다

사이고 다카모리는 대단한 카리스마의 인물이지만 막부를 무너뜨린 후의 개혁에 대한 마스터플랜은 없었던 것 같다. 과거로 회귀하려는 사무라이의 정서에서 벗어나지 못하고 전쟁을 일으키고 말았다. 서남쪽의 큐슈가 전쟁터였기에 서남(세이난)전쟁이라고 부른다.

이 전쟁을 헐리우드에서 영화로 만들었다. '라스트 사무라이' 밑도 끝도 없이 갑자기 등장한 서양인 주인공은 탐 크루즈가 맡았고,

일본 배우 와타나베 켄이 사이고 다카모리의 역할을 했다. 이 정도 엉터리 스토리를 만들어 파는 헐리우드의 뻔뻔함과 일본의 역사 마케팅에 감탄할 뿐이다.

사이고 다카모리는 패전 후 이 영화에서처럼 총상을 입고 자결했다고 알려져 있다. 사이고 다카모리 정도의 인물이 그냥 총에 맞아 죽었다고 하긴 싫었겠지.

키도 다카요시도 세이난전쟁이 끝나는 걸 보지 못하고 오랜 투병 끝에 43세의 젊은 나이로 요절하였다.
메이지유신 3걸 가운데 오쿠보 도시미치만 남게되었다. 하지만 그도 세이난전쟁이 끝난 다음 해 카나자와번의 사무라이들에게 무참하게 암살을 당했다.

얄궂은 것은 메이지유신의 신호탄이 되었던 이이 나오스케의 암살사건이 벌어졌던 사쿠라다문에서 멀지 않은 곳이었다.

사이고 다카모리의 복수다!

암살되기 직전에 지방의 지사를 접견을 하며 오쿠보 도시미치는 이런 말을 했다고 한다.

전란이 끝나고 평화가 왔지만 유신의 정신을 관철시키기 위해서는 30년이 필요하다고 생각합니다. 처음 10년은 창업의 시기이고, 그 다음 10년은 내치를 정비하고 산업을 발전시키는 시기이고, 나머지 10년은 후배에게 물려주고 체제가 굴러가면서 이루어지는 발전을 감독하면 될 것입니다.

이걸 보면 오쿠보는 사이고와 달리 나름대로 미래의 마스터플랜을 가진 정치가였다.
그럼에도 불구하고 일본인들에게 인기가 있는 쪽은 사이고 다카모리이다.
오쿠보 도시미치는 냉혹하고 독선적인 서양추종자의 이미지를, 사이고 다카모리는 마지막까지 일본의 전통적 가치를 지키려 한 의리의 사나이라는 이미지를 가지고 있다.
온갖 심려를 겪으며 일본의 근대화를 실질적으로 이루어낸 오쿠보 도시미치로서는 억울한 일이다.

어쨌던 토쿄의 우에노공원에 있는 사이고 다카모리의 동상은 일본 하오리에 애견과 산책하는 친근한 모습으로 사람들이 즐겨찾는 명소인데 반하여 가고시마에 가야 만날 수 있는 오쿠보 도시미치의 동상은 양복 롱코트를 걸친 모습으로 별 인기가 없다.

Chapter6. 사쿠라 피다

1년 사이에 메이지유신의 3걸이라고 일컬어지는 유신 1세대의 3인이 모두 40대의 나이에
전사, 병사, 객사했다.
당시 가장 큰 실권을 가지고 있던 오쿠보 도시미치의 내무부장관 자리는 이토 히로부미가 물려받았다.
이로써 메이지유신 제1장의 막이 내린 것이다.

제2막은 1막에서 쌓은 기초 위에 일본의 놀라운
성공스토리와 이웃나라의 치욕의 역사가 펼쳐진다.
제2막의 주인공을 딱 한 사람만 들라 하면 단연
이토 히로부미이다.

이토 히로부미
(1841~1909)

이 시기에 일본은 청일전쟁, 러일전쟁을 치르며
서구제국으로부터 열강의 한 자리를 인정받게 된다.
일본인들로서는 돌아보면 첫사랑을 떠올릴 때처럼
꿈같고 흐뭇한 시대이다.
이 즈음 일본이 군국화되면서 사쓰마 인맥은 해군을,
쵸슈 인맥은 육군을 휘어잡게 된다.

이 시대의 이야기는 다른 장에서 실컷 하도록 하고,
메이지유신의 제1막을 마치기 전에 한번 되돌이켜 정리해보도록 하자.

메이지유신의 출발은 이 슬로건으로
시작되었다.

먼저 '존왕'부터.
천황은 한 번도 대가 끊기지 않고 내려온 (만세일계) 일본의 국체이니 막부의 권력을 천황에게 돌려드리라고 주장했다.

알다시피 천황의 뿌리는 신화이며 허구이다.
유럽의 절대왕정을 떠받치던 왕권신수설보다 더 심한 픽션이다.

근대국가의 개념이 없던 일본에서 번이 아닌 국가로 단결시키고 압축성장을 끌어내는데는 즉효를 거두었으나 허구에 기반한 주장이 영원히 갈 수는 없는 법이다. 사실은 이미 시효가 끝난 지도이념이다.
천황은 스스로 태평양전쟁에서 항복하면서 인간선언을 하여 정리한 바 있다.

국민 여러분, 본인은 신이 아닌 인간입니다.

이건 맥아더가 일본을 군정통치하기 시작할 때 찍은 사진이다.
무심코 찍은 사진 같지만 사실은 미군정청의 엄청난 연출이 들어가 있다. 일단 히로히토 천황은 공식적인 예복을 갖춰 입었다. 아마도 연미복인 듯 싶다. 반면에 맥아더는 예복을 입지 않았다. 이건 작업복이라고도 하는 일상 근무복이다.
히로히토 천황이 맥아더의 사무실에 들어섰을 때 일상복을 입고 있는 그를 발견하고 아마 놀랐을 것이다. 거기다 천황은 바짝 얼어 차렷 자세를 하고 있지만 맥아더는 뒷짐을 진 듯 삐딱하게 서있다. 천황은 일본의 대표로서 우습게 보이지 않으려고 긴장했을 것이다. 맥아더는 그걸 교묘히 이용한 것이다.

바짝 긴장하여 예방한 천황을 나 맥아더는 아무렇지도 않게 만날 수 있다는 걸 보여주려고 이 사진을 모든 신문에 다 뿌렸다. 통치를 위한 편법으로 천황을 전범으로 제거하지는 않지만 그도 그저 정치적 상징일 뿐이라는 사실을 확실히 하고 싶었던 것이다.
이게 도쿠가와 막부가 하지 못했던 전략이다.

 Chapter6. 사쿠라 피다

'양이' 이건 더 심하다.

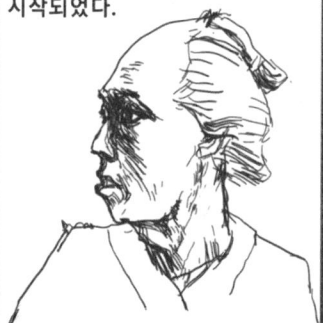
당초 서양 오랑캐를 몰아내라는 천황의 명령을 막부가 수행하지 못했다고 각지에서 들고 일어난 존왕지사들로부터 메이지유신이 시작되었다.

서양과 통상조약을 체결한 이이 나오스케의 암살사건이 도화선이 되었던거고.

이런 이야기가 있다. 유럽에 기근이 들었을 때 마을에 부랑자가 들어왔다. 사람들이 다 피하자 그는 돌을 하나 들고 말했다.

이 돌로 맛있는 수프를 끓일 수 있는데…

솥에 돌을 넣어 끓이다가 호기심으로 사람들이 몰려들자 한숨을 푹 쉬며

아아, 양배추만 있으면 훨씬 더 맛있게 될텐데…

어떤 아줌마가 집에 숨겨두었던 양배추를 들고왔다.

신기해~

잠시 후 이 부랑자는 다시 한숨을 쉬었다.

아아, 고기 한 근만 있으면 훨씬 맛있는 돌국이 될텐데.

또 한 아줌마가 집에 숨겨두었던 고기를 들고왔다.

국이 다 끓자 부랑자는 솥에서 돌을 꺼내어 버리고 수프를 배불리 나누어 먹었다.

대강 무슨 이야기인지 알아채셨겠지. 양이는 Stone Soup 이야기에 나오는 돌덩어리와 같은 역할을 했다. 메이지유신이 성공한 이후에 어느 누구도 양이를 거론하는 자는 없었다.

100년 전에 있었던 프랑스 대혁명이나 50년 후에 온 러시아 혁명은
근본적으로 계급혁명이었다.
계급혁명의 피를 흘리지 않고 근대화, 산업화, 서구화를 이룬 것이
메이지유신이다. 부러운 일이다.
하지만 혁명 아닌 유신의 사상적 빈약성은 급격히 군국주의,
국가주의의 길을 열었다.
결국 전쟁으로 흥하고 전쟁으로 망하는 댓가를 치르게 된다.

1869년 봄, 열일곱살의 천황 메이지는 쿄토를 떠나 에도성에서
첫봄을 맞았다. 에도는 토쿄로 부르게 되고 바야흐로 일본의
라 벨르 에뽀끄가 시작되었다.

제1권 마침.

제2권 예고
(2019년 11월 30일 출간 예정)

아카데미 미술에 대항한 일군의 무명화가들은 인상주의로 불리며 현대미술의 길을 닦았고 벨르 에뽀끄의 쎌럽 사라 베르나르, 오스카 와일드, 쉬잔 발라동의 휴먼 드라마는 흥미롭기만 하다.

19세기 말과 20세기 초를 공포에 떨게 한 무정부주의자들과 근대사 최대의 국론분열 사건 드레퓌스의 이야기에서 우리는 무엇을 배울 것인가?

그리고 또 영국의 최고 전성기 빅토리아-에드워드 시대는 오늘날의 우리에게 무엇을 이야기하고 있는가?

아름다운 시대

라 벨르
에뽀끄 (1권)

펴낸날　　2019년 11월 8일
3쇄 펴낸날 2020년 3월 5일

지은이 신일용

펴낸이 주계수　|　**편집책임** 이슬기　|　**꾸민이** 전은정

펴낸곳 밥북　|　**출판등록** 제 2014-000085 호
주소 서울시 마포구 양화로 59 화승리버스텔 303호
전화 02-6925-0370　|　**팩스** 02-6925-0380
홈페이지 www.bobbook.co.kr　|　**이메일** bobbook@hanmail.net

© 신일용, 2019.
ISBN 979-11-5858-604-1 (07900)
　　　979-11-5858-603-4 (세트)

※ 이 도서의 국립중앙도서관 출판시도서목록(CIP)은 e-CIP 홈페이지(http://www.nl.go.kr/cip)에서 이 용하실 수 있습니다. (CIP 2019041786)

※ 이 책은 저작권법에 따라 보호받는 저작물이므로 무단전재와 복제를 금합니다.